一目置かれる人が使っている

スッと背筋が伸びる日本語

西村貴好

サンマーク出版

言葉は誰にでも扱えるもっとも身近な道具です。

今どきの若者はすごいね

お会いできてうれしいです！

この仕事、お引き受けいただけませんか？

いいメンバーが揃《そろ》っていますね

超ラッキーですね！

これらの言葉に違和感を覚える人は少ないかもしれません。
使いやすくて、日常生活でも特に不自由はしないでしょう。
しかし、同じ意味でも次のように言われたら、どうでしょうか。

可能性に目が眩《くら》みそう。まさに後世畏《おそ》るべしだね

お会いできて光栄です。私淑しておりました

あなたがこのプロジェクトの画竜点睛《がりょうてんせい》です！

百花繚乱《りょうらん》のチームですね

盲亀の浮木です！

言葉は誰にでも扱えるもっとも〝パワフルな〟道具です。

言葉を変えるだけで
その人の印象が180度変わってしまいます。

使うべき言葉を知り、変える。
たったこれだけで、自分も相手も背筋が伸び、
やがて周囲から一目置かれる人になれるのです。

はじめに　ワンクラス上の言葉が印象を１８０度変えてくれる

言葉は心を支え、人との縁を繋ぐ

本書は、正しい日本語の使い方についての本ではありません。

故事成語の解説の本でもありません。


「使うと背筋がスッと伸びる日本語」の本です。


より丁寧に表現するならば、背筋がスッと伸びて、心が整い、人間関係が好転していく言葉の本です。

言葉が変われば、人間関係が変わります。

自分に対する周りからの評価が変わり、素敵な人とばかり出会うようになり、さらには小さなご縁を大きく育てることができるようになるのです。

言葉には、自分の意思を相手に伝えるという機能だけでなく、「その言葉を使う人がどのような人物であるかを相手に伝える」機能があります。

吟味された言葉は、話し手の心の姿勢を相手に伝え、言葉の表面上の意味だけではなく、その言葉を使う人の内面的な魅力まで届けてくれるのです。

使っている言葉によって、自分がどのような人物であるのかが、相手に伝わってしまっている、筒抜けになっている。考えてみると恐ろしいことですよね。

ただ、この恐ろしさを自覚している人はほんのひと握りです。

なぜならば、同じような感覚で言葉を使っている人とばかり普段は一緒にいて、自分の言葉に対する感覚が麻痺《まひ》してしまっているからなのです。

ここが一番の問題です。

つまり、**このような環境では自分の成長が止まってしまっていることに気がつかな**

いのです。

このままの人生、このままの自分でいいならば、言葉を意識して変える必要もなく、本書も必要ではないでしょう。

ただ、「今の自分よりもほんのちょっとでいいから成長したい」「人間関係も良好で、素敵な人とたくさん出会い、後悔のない人生を生きたい」と少しでも思われるならば、どうぞご安心ください。

やることはすごくシンプルです。

ただ、言葉を変えていくだけでいいのです。

時代の評価を経て生き残った

ワンクラス上の珠玉の言葉たちを使う

それでは、どのように変えていくのか。

ポイントは「言葉のクラス感」を上げることです。

ここでいうクラス感とは、学級などのクラスではなく、「等級」のことです。

飛行機の「エコノミークラス」「ビジネスクラス」「ファーストクラス」のあの「クラス」のことです。「エコノミークラス」の言葉から「ビジネスクラス」「ファーストクラス」の言葉に変えていくのです。


普段、自分が使っている言葉より、ワンクラス上の表現に挑戦してみましょう。

それぞれの場面でどのような言葉がワンクラス上の表現となるのかを、本書では具体的にご紹介しています。

すぐにでも使いたくなる言葉もあれば、今のあなたからすると少し違和感を覚える言葉もあるかもしれません。

大丈夫です。

その違和感こそが、ワンクラス上の表現に挑戦していることの証明なのです。

今回ご紹介している言葉たちは、いずれも「時代のフィルター」という厳しい評価を経て現代に残っている、クラス感の高い珠玉の表現です。

さらに、数多《あまた》ある素敵な言葉の中から、「人間関係が良くなる」「会話がポジティブな空気になる」「相手の関心を呼び起こせる」、そんな言葉ばかりを53個厳選し、使い方や注意点などを添えてご紹介させていただいています。

人生の成功者は、言葉を吟味して生きている

また、今回ご紹介している言葉たちには、コード（暗号）が隠されています。その言葉が生まれた背景やストーリーが表面上の意味以上の情報を相手に伝えるのです。

すべての人がそのコードを読み解くことはできないかもしれませんが、それでいいのです。

なぜなら、そのコードを読み解く人だけが、あなたの人生のステージをさらに引き上げてくれる人、あなたにとって必要な人だからです。**ご紹介している言葉を使うことで、「自分がさらに成長するための力になってくれる人かどうか」を見極めることもできるのです。**

そしてコードを読み解く人との交流を通して、言葉の表面的な意味の奥に隠された情報とメッセージの交換ができるようになると、「ある秘密」に気づくようになります。**その「秘密」とは、人生の成功者とは言葉を吟味して生きている人たちのことである、ということです。**言葉のコードを読み解くことができるようになると、人生の成功者の仲間に入れるようになります。

さらに、言葉のクラス感を意識して上げることで、自分自身の内面の成長も加速していきます。

言葉に含まれた思想を取り入れて話すことで、自分自身の考え方の背骨が出来上がっていきます。信念や信条が言語化されて、自分の中で明確になっていきます。

すべての思考は言葉によってつくられます。

言葉を変えることで、思考も変わっていくのです。

素敵な言葉を使うと、後から自分の内面が言葉の思想に追いついていく。

使う言葉で自分の内面が磨かれていく。

そして、周りからの評価も変わっていくのです。

本書の原材料は、15万人の心に火をつけた言葉たち

なぜ、私がこのようなことをお伝えできるのか。

その理由は、単純明快です。

私自身、言葉を意識することで、人生に必要なものをすべて手に入れたからです。

正確には、**意識して言葉を変えることで、家族や仲間との絆《きずな》や心の安定など、失いかけていたものを再び手にすることができたのです。**

私が「ほめる」ことを「価値を発見して伝えること」と定義して、使う言葉の大切さ、人や物事のプラスの面を見つけて言葉として伝えることの重要性をお伝えするようになって15年以上になります。今では、私が言葉について教えた人の数は15万人を超えています。

ところが私は、それ以前はまったく逆の人間だったのです。

毒となる言葉を吐き、毒となる言葉を吸い込んで、さらに言葉の毒を強化して生き

てきた人間でした。

私は、かつて覆面調査という仕事を通して、徹底的に人の粗探しをして、それを言葉として届けることを3年間みっちり行いました。

その結果、マイナスの言葉を投げかけられた人々がどうなるかということについて、これ以上ない、明快な結果を得ました。

その結果とは、**マイナスの言葉を投げかけられた人は、そのマイナスを改善するのではなく、マイナスの言葉通りの人になる**というものでした。あまりにもあからさまな結果に恐ろしくなった私は、その逆を試してみました。

小さな、当たり前のことに過ぎないようなプラスを見つけて、それを言葉として届けるようにしたのです。

すると、**そのプラスの言葉通りの行動が強化され、言葉を受け取った人は、やはりその言葉通りに成長しつづけたのです。**

それ以来、十数年、私は言葉が持つ力に着目し、研究を続けてきました。今では、私が言葉について教えた人の数は15万人を超えています。その結論が、「言葉を変えることで、思考や環境、そして人生が変わる」ということなのです。

ご心配なく、どうか期待してください。

毒々しく、ギラギラとして、言葉による異臭を放っていた私ですら、変わることができたのですから。

言葉が心を照らし、新しい自分との出会いを引き寄せる

今は、何ともいえない不安感が世の中を覆っている時代です。こんな時代だからこそ、自分と周りの人の心に小さな明かりを灯《とも》すような言葉が求められています。ネガティブな情報、不安を煽《あお》るようなニュースやマイナスの言葉たちに囲まれている私たちが心の健康をいかにして守っていくか。これは、現代における最重要課題ではないでしょうか。心が風邪をひかない、風邪をひいたとしても重症化させない。そのために、もはや受け身ではなく、積極的に意識して行動する必要があります。

その行動とは、明かりとなるような言葉を、どんどん発信していくことです。

暗闇の中で灯される明かりは、たとえ小さくとも、暖かく感じられ、ありがたいものです。

その明かりのもとに人は集まってきます。なぜなら、人は暗闇が怖い生き物だからです。


明かりとなる言葉で照らしてみると、私たちの周りには、ダイヤの原石のような価値ある存在がいっぱい溢《あふ》れていることに気づけます。

言葉の松明《たいまつ》をかかげ、人生の価値を発見し、周りに届けていきましょう。

その実現のために、さらにページをめくり、背筋をスッと伸ばし、一歩踏み出してみませんか。

そこには、素敵な言葉たちが、そして新しい自分との出会いが待っていますよ。

1章 ほめる言葉

シンプルなのに
奥深い気持ちが
通じる言い回し

2章

心を伝える言葉

感謝、尊敬の
思いが届く
言い回し

3

章

魂を奮い立たせる言葉

やる気を示し、士気が段違いに上がる言い回し

4章

覚悟が伝わる言葉

言うだけで勇気が湧いてくる言い回し

5章

知恵の言葉

教養と気づきに満ちた言い回し

6章

背骨となる言葉

人間性が伝わる言い回し

ブックデザイン　三森健太＋永井里実（ＪＵＮＧＬＥ）
イラスト　高柳浩太郎
企画協力　ブックオリティ
編集協力　株式会社ぷれす
ＤＴＰ　朝日メディアインターナショナル
編　集　尾澤佑紀（サンマーク出版）

1章

ほめる言葉

シンプルなのに

奥深い気持ちが通じる言い回し

「ほめる」ことでコミュニケーションが好転する。

これは、否定できない事実です。

ところが果たしてどれだけの人が

「相手の心に響くほめ方」ができているでしょうか。

また、いつも同じ言葉では、気持ちがうまく伝わりません。

心を届け、自分と相手の可能性を拓《ひら》く言葉を

この章で手に入れてみましょう。

ほめるだけでなく、
自らの生き方をも見直せる言葉

後生畏《こうせいおそ》るべし

由来・意味

自分より年下の者には、どれだけ成長するかわからないほどの可能性がある。年少者を軽く見ずに、彼らから刺激を受け、学んでいくことが大切であるという言葉。「後生」とは、自分より後から生まれた者の意。『論語』より、孔子の言葉。

例文

もはや、パソコンさえ必要としない。スマホだけで、これだけの仕事をやってのけるとは、後生畏るべしだね。

人は、いくつになっても成長しつづけることができます。年齢にかかわらず、驚くほど自分の成長を引き出してくれる言葉が「後生畏るべし」です。

常に成長しつづける人には、いくつかの共通点があります。

その一つは、自分より年少の者からも学ぶこと。いやむしろ年下の人からこそ、積極的に学んでいることです。

ついつい、若者の未熟さや不完全さに目がいってしまって、足りないところばかりを指摘してしまう。

自分の優位性を誇示したいのではなく、相手のためなのだ。

そんな声も聞こえてきそうですが、そこに自分自身の成長はありません。

「若い人は、恐ろしいほど素晴らしい！」と彼らから学びつづけることで、大きな気づきと成長を手にすることができるのです。

ここでのポイントは、「後生畏るべし」と、まず彼らの「プラスの部分」にフォーカスし、意識を向けることです。「人間の本能は、先にダメ出しをしてしまう」と知っておいてください。

彼らの中から、うまくプラスの部分を見つけることができたら、そのプラスの部分を自分も取り入れてみる。

あるいは、若い人たちが得意としていて、自分では無理そうなことを、彼らに頼んでみる。すると、自分自身が実現できることの幅が広がります。

生まれたときからインターネットがあり、小さな頃からスマートフォンを操っていた世代は、もはや文字入力にキーボードすら必要としません。彼らには彼らの常識があるのです。

違和感さえ覚える世代の違いの中に価値を見出《みいだ》し、活用し、自分自身の力にしていく。これがいくつになっても成長をやめない生き方ではないでしょうか。

また、未熟なところのある後進に対して助言をする際も、「後生畏るべし」と相手の価値を発見して、それを先に伝えることを意識するといいでしょう。

「後生畏るべしだね。話を聞いた瞬間にスマホでメモを取り、さらには検索して営業先との話題を探す。そのレスポンスと行動力、素晴らしいよ」
「ただ、相手によっては、話をしている途中でスマホをいじっていると思われるかもしれないから、『メモを取らせていただきますね』と一声かけてからの方がいいかもしれないね」

たとえば、このように伝えると非難や中傷、ハラスメントと思われず、素直にアドバイスとして受け取ってもらいやすくなります。

こんな言葉でも言い換え可能！

末恐ろしい…将来が恐ろしく、予測不能の可能性を感じる（ネガティブ・ポジティブそれぞれの意味で使われることがある）。

相手の深い思考力まで ほめる言葉

博《はく》覧《らん》強《きよう》記《き》

由来・意味

幅広く書物に親しみ、知識豊かで記憶力に優れていること。漢を建国することになる劉邦《りゅうほう》の家臣・蕭何《しょうか》の故事から。敵の城に攻め入ったときに、蕭何だけは財宝ではなく、書物の山を見て「宝の山だ」と叫んだ。そして、他の家臣たちが及ばないほどの知識をつけ、劉邦を支えることになったことから。

例文

物知りを超えた、愛ある博覧強記な方ですね。

いつの時代も幅広い知識を持っている人は、尊敬の対象になってきました。

相手の知識をほめるとき、「物知りですね！」では、なんとなく上から言っているような印象になってしまう。

そんなときに最適な言葉が「博覧強記」です。

「ただ知識を身につけているだけの人」という印象から、深い洞察力や思考力をもほめ称《たた》えている印象にグレードアップさせることができます。

「博覧」とは、分野にかかわらず多くの書物を読み、知識が豊富であること。

「強記」とは、記憶力に優れていること。

万巻の書を読み、得た知識を自由自在に記憶の中から呼び起こし、取り出してみせる人、これが博覧強記な人です。

かつては稀有《けう》な存在として、無条件に尊敬を集めていたのですが、最近は、その意味合いが変わってきました。

インターネットと検索エンジンの普及によって、博覧強記が持つ言葉のイメージは「威厳」から「敬意をもって愛される魅力」に変化しています。

そして、誰もが身につけることのできる能力になったのです。

知識を仕入れる「博覧」の役割はネット検索に任せ、「強記」すなわち知識を取り出す部分に意識を向けていく。

これが現代の博覧強記です。


「記憶力にはからっきし自信がない」と不安に思われるかもしれません。

ご安心ください。

「すべての知識を丸暗記して、歩く辞書になる」必要はないのです。

ポイントは「相手の興味に関心を寄せること」です。

出会う人に関心を持ち、その人が関心を持っていることに対して、ひと手間かけて検索して知識を仕入れ、贈り物のようにプレゼントしていくのです。


哲学者・西田幾多郎は、博覧強記な人の条件を次のように言い残しました。

「物を知るにはこれを愛せねばならず、物を愛するのはこれを知らねばならぬ」

博覧強記な人とは、人に対して愛のある人なのです。

こんな言葉でも言い換え可能！

生き字引…広くよく物事を知っている人。組織の中で規則や過去の出来事などに通じている人。

インテリジェンス…知性や理解力。「インテリジェンスに富む／欠ける」といったように使う。

何者にも成長できる可能性に
目を向ける言葉

大器晩成《たいきばんせい》

由来・意味

大きな器は完成するまでに時間がかかることから、真に偉大な人物は遅れて頭角を現すという意味。『老子道徳経』の第41章より。

例文

「人生、いつでもここから！　大器晩成だ！」
の生き様ですね。しびれます。

年齢に関係なく、学ぶことをやめない人、あるいは、自分の新しい可能性を拓くことに挑戦している人に「応援のエール」として積極的に使いたい言葉です。

また、自分自身に対して繰り返し使いたい言葉でもあります。

ポイントは、何らかの努力や挑戦をしていて、それでも結果が出ていない人に使いたいという点です。結果は出ていないけれども、模索している、行動している。そんな人に対する応援の言葉として使っていきましょう。

何の行動も挑戦もしていない人にこの言葉を使うのは、少し安易で、無責任かもしれません。今、努力をしていて結果が出ていない人に、「大器は晩成する」としっかりと目を見ながら伝えてあげてください。

スポーツや将棋の世界では、驚くほど若手の台頭が目立ちます。10代で世界ナンバーワンになる結果に驚くことも少なくなっているのではないでしょうか。

幼少期から競技や種目に合った才能を見出し、英才教育で結果を引き出していく。素晴らしいことだと思います。

「梅檀《せんだん》は双葉《ふたば》より芳《かんば》し」という言葉があります。「大成する人は幼少のときから優れている」という意味です。梅檀という香木が、芽生えたばかりの双葉の頃からいい香りがすることに由来します。

大器晩成の反対語のように使われている「梅檀は双葉より芳し」ですが、じつは、大器晩成とは意味が反対なだけではなく、「意味の深さ」が大きく違います。

新芽から芳しい香りを放つ梅檀の双葉は、成長すると虫除《むしよ》けとして使われる梅檀以外のものにはなれないのです。

それに対して**大器晩成の大器には、限りなく用途が自由で、どのようにも役に立てるという意味があります。**

「時間をかけて挑戦（努力）し大成する、晩成する」という覚悟さえあれば、私たちは何者にもなることができるのだと教えてくれているのが「大器晩成」なのです。

人生100年時代の今、晩成するチャンスは、たっぷりと残されているのではないでしょうか。

すべての人が「未完の大器」なのです。

「いつでもここから、大器晩成だ！」と可能性を拓く挑戦をやめなければ、私たちは自分が望む姿になることができる。少なくとも近づいていくことはできる。

「いつでもここから、大器晩成だ！」

今すぐ、声に出して使いたい言葉ですね。


こんな言葉でも言い換え可能！

遅咲き…世に出て活躍するまでに時間がかかった人を表す言葉。
苦労人…苦労をしたため、世の中のことに通じている人。

眼福《がんぷく》

あなたで視力が回復しました
眼福の極みですね
まあ

由来・意味

美しいものやきれいなもの、貴重なものなどを見ることができた幸せ。目の保養、目の正月とも。中国から来た言葉。中国には「口福」「耳福」という言葉も存在する。

例文

これは眼福、目から幸せをいただきました！

ＳＮＳの投稿に上がった素敵な写真などに対するコメントとして、気軽に使える言葉です。スマートフォンのカメラの性能がどんどん良くなり、ネット上には素敵な写真や動画の投稿が溢《あふ》れています。それらの写真や動画に対するコメントにパンチを効かせる表現が、この「眼福」なのです。

この言葉は、お酒でたとえると樽出《たるだ》しの原酒（カスクストレングス）、アルコール度数56％のウイスキーのようなものです。つまり、通にはたまらない味です。

このような日常会話ではなかなか登場しないような通好みの言葉を、私は「原酒言葉」と呼んでいます。原酒言葉をあえて使うことで、表現が印象的になるのです。

ただし、原酒だけにそのままで提供するには、ちょっとパンチが強すぎます。眼福の場合、「目から幸せをいただいた」という言葉で加水して、原酒の癖は残しつつ、受け取りやすい表現に薄めてあげるのです。

日常会話で使える「原酒言葉」、いくつかご紹介しておきましょう。

「僥倖《ぎょうこう》」→偶然の幸運＝ラッキー。「お会いできて、ラッキーです」とだけ伝えるのと比べると、印象が大きく変わります。次のように使ってみましょう。「ここでお会いできるとは、僥倖、幸せに幸せを重ねたようなもの。ラッキーの二階建てですね」。

「慶事《けいじ》」→文字通り、よろこび事。文字で見て意味を摑《つか》みやすい言葉なので、メールなどでもおすすめです。次のように使ってみましょう。「おめでとうございます！慶事、よろこび事が続きますね」。

「而今《じこん》」→仏教用語で、「今ここ、この瞬間を精一杯生きる」の意。「而今」は日本酒の銘柄としても使われているぐらいの言葉なので、アルコール度数高めの原酒、難易度高めの言葉ですが、それだけに使ってみたい言葉ですね。

このように平坦な表現を印象的に引き立たせることができる原酒言葉ですが、使いすぎには注意が必要です。癖のある言葉を散りばめすぎると、逆に原酒言葉が鼻につくようになってしまいます。

「畢竟《ひっきょう》」＝つまるところ、バランスが大切なのですね。

ポイントは、癖のある言葉は、相手の反応を確認しながら使うこと。そしてその言葉と同時に、わかりやすい表現も必ず織り交ぜて伝えることです。

難しい言葉をわかりやすく表現することは、言葉のセンスを磨く良いトレーニングにもなります。

「難しいことをやさしく伝える」人こそが一流なのです。ただ、その一流に向かうためには、まず難しいことを知り、次にやさしく伝えることに移行する。これがやさしさ、わかりやすさの中にも深みとおもしろさが加わる秘訣《ひけつ》です。

こんな言葉でも言い換え可能！

目の保養…美しいものやきれいなものを見て楽しむこと。

百《ひやつ》花《か》繚《りよう》乱《らん》

由来・意味

各分野から優れた人物が輩出され、素晴らしい業績や作品が一時期に現れる様子。「百花」はさまざまな種類の花、「繚乱」は咲き乱れるさまの意味。

例文

違いを価値と捉え、百花繚乱の素晴らしいチームですね！

多様性を活《い》かし、違いを価値に変えるチームビルディングをしていく上で、その意味を深く理解し、使っていきたい言葉です。

まず、この言葉を相手のチームや組織に対して使うと、一気にほめ言葉としてのパワーが上がります。**「素晴らしいチームですね」と言うよりも、「百花繚乱の素晴らしいチームですね」と伝える方が、印象は格段に良くなります。**

さらに、「百花繚乱」はほめ言葉だけでなく、違いを力に変えるチームビルディングのヒントにもなります。

コミュニケーションの根本は、「自分と他人とは、絶望的なほど違う」と知り、その「違い」を認めていくことにあります。違いを認めることができないと、それは「間違い」となり、コミュニケーションが遮断されます。すると、そこで才能の発芽が止まります。

才能の発芽の条件は、植物の種の発芽の条件と驚くほど似ています。植物の発芽の条件とは、水、空気、温度の三条件のことです。

これを組織に当てはめてみると次のようになります。

組織での才能の発芽三条件

- 水＝潤いのある言葉がけ
- 空気＝風通しの良さ
- 温度＝温かみのある雰囲気

植物の種の発芽のメカニズムでは、まず「水」によって、種に発芽のスイッチが入り、残りの二つの条件である「空気」、適切な「温度」が揃《そろ》ったときに、一気に発芽が始まるそうです。

人の才能の発芽のスイッチも、もしかすると同じかもしれませんね。

まずは、相手を思いやった潤いのある言葉がけから始めることを意識してみませんか？

もう少しだけ、深掘りしてみましょう。

花といえば、バラのような華やかなものを思い浮かべる人が多いのではないでしょうか。じつは、繚乱しているのは目立つ花ばかりではないのです。

たとえば、花束の名脇役である「かすみ草」もしっかりと花を咲かせ、その場を盛り上げてくれています。日本語では「草」という名がついていますが、英語では「baby's-breath」であり、草というニュアンスはなく、立派な花です。

たくさんの種を発芽させ、草を花と認め昇華させていくこと。これが「百花繚乱」の舞台裏なのかもしれませんね。

自分の周りに、素敵な言葉の種を蒔《ま》き、条件を整え、百花繚乱させていきませんか。

こんな言葉でも言い換え可能！

粒揃い…集まっている人たちの実力が揃い、優秀であること。

三日《みっか》会《あ》わざれば 刮目《かつもく》して見《み》よ

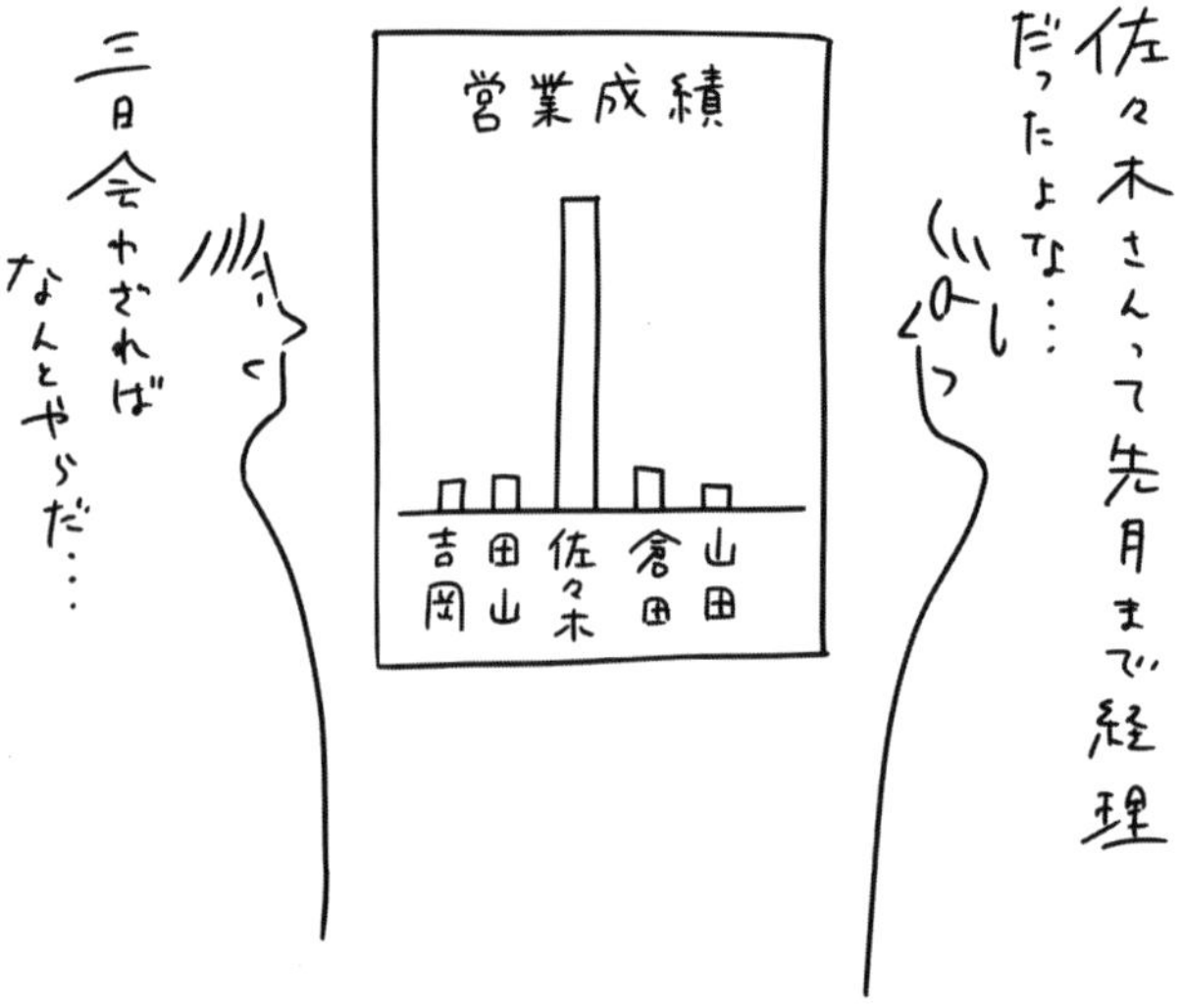
三日会わざれば
なんとやらだ…
営業成績
吉岡
田山
佐々木
倉田
山田
佐々木さんって先月まで経理
だったよな…

由来・意味

人は3日も会わなければ成長しているものだから、注意してしっかり見なさいという意味。無学で知られ、武芸一辺倒だった武将がすすめに応じて学問を始めたところ、やがて本職の儒学者が目を見張るほどの教養を身につけたという呉の武将・呂蒙《りょもう》の故事から。

例文

三日会わざれば刮目して見よ、といいますが、人生を2回生きていらっしゃるかのような成長ぶりですね。

「人生100年時代」という言葉も定着し、次のステージやキャリアアップに向けて、学び直している方も珍しくありません。そんな学びや新たな挑戦をしている人に、ぜひ使っていただきたい言葉が「三日会わざれば刮目して見よ」です。

私は使う言葉を変えることによって、思考・環境・人生が変わることをお伝えして15年以上になります。まさにこの言葉「三日会わざれば刮目して見よ」という体験を数えきれないほどしてきました。

特に、使う言葉を意識して変えた女性の変化には、目を見張るものがあります。**「三日会わざれば刮目して見よ」の原文は、じつは「男子、三日会わざれば刮目して見よ」なのですが、私からすると「女子こそ、三日会わざれば刮目して見よ」です。**

なぜ女子こそなのか。その一番の理由は、女性が使っている言葉の量です。

アメリカ・メリーランド大学の研究結果によると、男性が1日に発する単語数は平均7000語。一方、女性は平均20000語ということです。男性の3倍近く発する言葉を意識して変えることで、本人と周りに大きな変化が表れるのです。

「でも・だって・どうせ」を「だからこそ」、あるいは「どうやったらできるかな」と言い換えた人は、言葉を変えてから、友人や付き合う人も変わっていったそうです。

自分では、自分の成長になかなか気づけないものです。さらなる成長に、勇気を持って挑戦している人に、この言葉を伝えることは、最高のプレゼントとなり、そのプレゼントを受け取った人をあなたのファンにしていくことにも繋《つな》がります。

また、この言葉を使うことをおすすめする理由がもう一つあります。

それは、**周りの成長を発見できる人こそが、もっとも成長する人になるから**です。

私たちは、言葉の使い方を学ぶために、グループ学習形式を採用しています。20名程度のグループで半年間、月に1回6時間の講義を行います。講義の合間には課題も出されます。3か月を過ぎた頃、グループの半分以上の方がこう考えます。

「自分は場違いなところへ来てしまった。自分の周りの人は素晴らしい。さらに成長もされている」「それに対して、自分は何も変わっていない。成長できていない。周りの人たちの変化、成長が眩《まぶ》しくて仕方ない」
ところが、講師の私の立場からすると、そのような周りの成長を眩しく感じている人たちこそが、もっとも成長しているのです。
自分自身の成長を引き出す方法は、周りの人の成長を探し、伝えることです。
さぁ、さっそく周りの人の素晴らしい点を探し、伝えて、周りから刮目される人になりましょう！

こんな言葉でも言い換え可能！

君子は豹変《ひょうへん》す…豹が一晩で斑紋を変えるように、優れた人は一瞬で良い方向へ変化するという意味。元々はポジティブな意味だけであったが、最近は豹変をマイナスと捉えることもある。

一皮剝《む》ける…性格・容貌・技術などが洗練されて前よりも良くなること。

無邪気に生きる人への
お礼代わりに使いたい言葉

天衣無縫《てんいむほう》

ここがお前の通う
無縫地帯か
ようちえんだよ
じいじ
パンフレット

由来・意味

天人や天女の衣服には縫い目がないことから転じて、余計な装飾がなく、自然でわざとらしくなく完成されていること。また、人柄が純真で素直で、まったく嫌みがないさま。

例文

天衣無縫のお人柄は、尊く貴重で、周りを癒す魅力ですね！

無邪気な人、天真爛漫《らんまん》な人に使いたい言葉です。

コンビニのレジで3人以上の行列ができたら、イラッとしてしまう。メールの返事が2日経《た》ってもこないとそれだけで、「社会人としての基本ルールができていない」と、その相手を見限ってしまう。そんなことはないでしょうか。

「常に効率よく、キチッとしておかないといけない。それが常識であり、社会のルールである」。このような目に見えない規範が、私たちの周りには張り巡らされています。

そんな中、無邪気さを持ち、自然体で生きている人もいます。そうした人に対して、「無邪気な人」「天真爛漫な人」という言葉で相手をほめていないでしょうか。

「無邪気」「天真爛漫」には、子どもっぽい人、周りのことを考えない自由奔放な人というイメージが入ってしまいます。

その人のことを素敵だと思いながら、ひと匙《さじ》の皮肉が混入されるのです。「幼く、自分勝手に生きている人だと思われているのでは」との誤解を与えてしまいます。

それに対して「天衣無縫」には、マイナスイメージがまったく含まれていません。

相手の魅力として、「無邪気だな」「天真爛漫だな」と感じたら、ぜひ使っていきたい言葉です。

マイナスの言葉、ネガティブな情報が溢れている中で、邪気に染まらず、飾り気なく、純真に明るく生きている人は、まさに尊く貴重な存在です。そして、周りを癒す存在でもあります。

「そんな人っているの？」と聞かれそうですが、じつはたくさんいます。それは、小さな子どもたちです。

私たちも、元々は「無邪気」で「天真爛漫」な存在だったのです。

ところが大人になる過程で、この二つをどこかに置いてきてしまったのかもしれません。

あるいは、常識という規範に縛られ、「これらは悪いものだ」と考えるようになり、手放してしまったのでしょうか。

大人になっても、子どもの無邪気さ、純真さを持ちつづけている稀有な存在、これが「天衣無縫」な人です。見かけたら、純真な子ども心を思い出すチャンスだと考え、この言葉をお礼代わりに相手にプレゼントしてあげましょう。

こんな言葉でも言い換え可能！

純真無垢《むく》…けがれを知らず、人を疑う気持ちがないさま。

抜きん出た成果を出す人を
ほめる言葉

鶏群《けいぐん》の一鶴《いつかく》

由来・意味

多数の平凡な人の中にあって、一人だけ傑出した人物がいること。多くの鶏の中に混ざって、一羽だけ鶴がいる様子から。中国、晋の歴史書『晋書嵇紹《けいしょう》伝』より。

例文

徹底度がすごい！　業界における鶏群の一鶴、圧倒的な存在感ですね。

人並み、世間並みをはるかに超えて結果を出している人や組織に対して、深い称賛を伝える言葉です。同じような意味の「掃き溜《だ》めに鶴」よりも、上品かつ上級で、しかも使いやすい表現です。

また、似た意味の「卓越した存在」よりも「鶏の群れの中に一羽の鶴がいる」というビジュアルが頭に浮かび、非常にわかりやすい表現です。

一目見ただけで、抜きん出た存在がいるとわかってしまう。そんな圧倒的な存在感、憧れますよね。

注意点としては、「鶏群」を身内のことではなく、業界や世間一般を対象として使うことです。組織内のミーティングなどで、結果を出した一人に対して「君は鶏群の一鶴だね」と言ってしまうと、周りの人たちは、修復不能なほど傷ついてしまいます。

個人に対してより、業界内で革新的なことに挑戦し、圧倒的な結果を出している企業や団体に対して使っていきたい言葉ですね。

他者をほめるために使いやすい言葉ですが、自分自身が「一鶴」になるとしたらどうでしょうか。抜きん出た存在になるのは、なかなか難しいと感じられるかもしれません。

一鶴にはなれなくても、比較的、苦労せずに同じような状況をつくることはできます。

それは、鶏が鶏のまま、群れを離れ、「雀群の一鶏」になる方法です。

雀の群れを見つけて、そこに移動するのです。すると「雀群の一鶏」になります。群れを離れ、環境を変える決断をすれば、鶴のように圧倒的な存在にならずとも、確かなポジションを築けるのです。

この方法は、勇気さえあれば実現可能です。ただし、このやり方を真似《まね》して、次から次へと雀の群れに別の鶏がやってきて、あっという間に雀群が鶏の群れになってしまう欠点があります。

やはり、本当の意味での「鶏群の一鶴」となるためには、鶏群が意味する「世間並み」をはるかに超える基準で物事に取り組みつづけることが、その真の道なのではないでしょうか。
外から見ているほど、一鶴の居心地は良いものではないかもしれません。鶏群の鶏の一羽に紛れている方が、よっぽど楽かもしれない。ときには、アンデルセンの「みにくいアヒルの子」のように周りからの迫害にあってきたかもしれません。それでも鶏群の一鶴となるべく努力をやめないこと。これが一鶴の正体なのではないでしょうか。
「世間並み」をはるかに超える圧倒的な努力の結果としての「一鶴」の存在感。その努力に対する敬意を込めて使いたい言葉です。

こんな言葉でも言い換え可能！

掃き溜めに鶴…ゴミ捨て場のようなつまらない場所に、似つかわしくない美しいものがいることのたとえ。
他の追随を許さない…周りの人より力が飛び抜けているさま。

融通無碍《ゆうずうむげ》

俺が生きてるうちに
返してくれりゃいいよ
顔に似合わず
融通無碍なお方だ・・・
百万

由来・意味

考え方や行動が何物にもとらわれず、自由でのびのびしていること。損得勘定にとらわれない、清々しく透明感のある生き方。仏教用語で、「融通」は滞りなく通ること、「無碍」は妨げのない様子の意味。

例文

あらゆる場面で、損得勘定を超えた融通無碍なご判断をされますね。

「損得の得よりも人徳の徳」という言葉があります。漢字が表す通り、徳の大切さを説いた言葉ですが、実際に得より徳に生きる人は少ないものです。

この「融通無碍」は、「徳のある人だな」という方を見つけたときに使いたい言葉です。

じつは、徳を積みながら生きている方は、「徳を積んでいらっしゃいますね」と言われることを嫌います。「陰徳」といって、「誰にも気づかれない徳の積み方こそが最上のもの」だと考えているからです。

前ページの例文のような表現を使うと、相手の徳のある生き方を、「徳を積んでいることはバレていませんよ」というメッセージを添えて称賛することができます。

そして、損得勘定を超えた「徳」を大切にして生きる人を自分の味方にしていくことができるのです。

人生は誰と一緒に生きていくかで決まります。自分の周りが徳のある人たちでいっぱいになるって素敵だと思いませんか。

「融通無碍」に近い意味の言葉に「臨機応変」があります。

この臨機応変も良い意味の言葉で、マイナスのイメージがまったくない言葉なのですが、「融通無碍」と比べると、そこに少しだけ「損得勘定」のにおいがしてしまいます。

「臨機応変」は「得か？」に対しての正しい判断をする。

「融通無碍」は「善か？」に対しての正しい判断をする。

こうしたイメージの違いがあるのです。

言葉には、表面的な意味を伝える機能だけでなく、それぞれの言葉が持つ「色」や「におい」などのニュアンスを相手に届ける機能があります。

この違いを知らずに言葉を使う人生は、エコノミークラスで旅をするようなもの。損得のニュアンスまで知って言葉を使う人は、ビジネスクラスやファーストクラスです。

徳のレベルまで考えて言葉を使う人は、プライベートジェットの世界といえるでしょう。

「はじめに」でもお伝えしましたが、「言葉のクラス感を変えていく」とは、このようなイメージの違いを意識して、相手に合わせて、自由自在に表現を変えていくことです。

ですから、逆に相手の関心が「ビジネスにおける損得にフォーカスされているな」と感じたときは、「機を見た臨機応変なご決断ですね。そのスピード感に勝機が宿るのですね」などと、それこそ臨機応変に言葉を変えていくのです。

勝ち負け、損得に生きるもよし、徳とともに生きるもよし。
生き方に間違いはありませんが、使う言葉が思考と環境と人生を変えるのです。

こんな言葉でも言い換え可能！

縦横無尽…思うままに自由自在であること。
フレキシブル…しなやかで、融通のきくさま。

物静かでも徳のある人を
讃《たた》える言葉

桃李成蹊《とうりせいけい》

由来・意味

徳のある人の元には、何も言わなくても、人が集まるという意味。『史記』の著者・司馬遷の李将軍への賛辞から。李将軍は慎み深く口下手だったが、彼が亡くなったときには国中が悲しんだ。桃李は桃やすもも、蹊は小道のこと。桃やすももは言葉を発しないが、その香りに惹《ひ》かれて、その木の下に自然に道ができる。

例文

桃李成蹊、物静かなお人柄に誠実さが滲《にじ》み出て、それが魅力となって惹きつけられるのですね。

言葉数が少なく、派手さは感じないが、何ともいえない存在感を抱かせる人や、物静かなリーダーに使いたい言葉です。

巧みに言葉を操り、表現力豊かに人を導いていくタイプのリーダーもいれば、淡々と自分の役割を果たしてみせることで、皆を導いていくリーダーもいます。

これらのリーダーは、どちらが良い悪いということではありません。

しかし、どうしても派手な方にばかり、注目が集まってしまうことはないでしょうか。

「桃李成蹊」は、もの言わぬ桃やすももの香りに惹かれて人が集まるように、言葉を発しない物静かな人でも、徳があると、その徳に惹かれて人が集まると教えてくれる表現です。

「桃李成蹊」と聞いて、思い当たる方がいらっしゃるならば、会いに行かれてはいかがでしょうか。人が集まるほどの徳のある人ならば、会いに行って邪険にされることはないでしょう。

会うことができたならば、「桃李成蹊、あなたのご人徳に引き寄せられてやってきました」と伝えてみてはどうでしょう。徳のある人生を生きるコツの一つは、徳のある人と一緒にいることです。そのきっかけになるのではないでしょうか。

ところで、思わず人が惹きつけられる「徳」や「魅力」はどこから生まれるのでしょうか。

ここでは一つの要素をご紹介させていただきます。

それは、目の前にいるたった一人のために、その瞬間、自分のすべてをかけて対応することです。

今この瞬間、目の前のたった一人のために、全力で関わる。

しかも、自分のすべてをかけて。

それは、知恵を貸すことかもしれない。

ただただ、話を聞くことかもしれない。

うなずき、共感してあげることかもしれない。

まるで周りに人がいないかのように、目の前のたった一人に集中する。
その様子が、桃やすももの香りのように周りに広がり、桃李成蹊されていくのかもしれません。
実践には、かなりの覚悟が必要ですが、ぜひ意識していきたいですね。

こんな言葉でも言い換え可能！

徳は孤ならず必ず隣あり…徳のある人の元には、必ず理解者や協力者が集まるという意味。

引く手あまた…人気があり、「ぜひ、うちに来てほしい」と多くの声がかかる様子。

2章

心を伝える言葉

感謝、尊敬の思いが届く
言い回し

相手に対するリスペクトの気持ちを抱いていても、

それが伝わる言葉と伝わらない言葉があります。

言葉が変わると、こちらの敬意が伝わるだけでなく、

相手に忘れがたい印象を与えることもできるのです。

自分にとって、ありがたい出会い、

うれしい出来事が起きたとき、好循環するように、

この章の言葉をそっと懐に忍ばせておきましょう。

「どうしても力を貸してもらいたい」
そんなときに使いたい言葉

画竜点睛《がりょうてんせい》

空飛ぶ車
離陸機能をつけ忘れました…
画竜点睛を欠くなあ

由来・意味

最後に付け加える大切な仕上げ。中国の有名な画家が国王に竜の絵を依頼され、その絵に竜の目を描かなかった。理由は目を描くと竜が逃げ出すからとのこと。請われた画家が仕上げに目を描き入れると、本当に竜が絵から飛び出して天にのぼったという故事からの言葉。睛は「晴」ではなく、瞳という意味。

例文

あなたの能力がプロジェクトを大きく飛躍させます。このプロジェクトの画竜点睛は、あなたのご参加です。お力をお貸しいただけませんか。

人に何かを頼むときには、それ相応の理由が必要です。

「なぜ、自分に声がかかったのか」、この一点を理解してもらえているかどうかで、その後の意識も働き方も変わってくる。日々の仕事や営みの中で、こんな実感を持っている人も少なくないでしょう。


「お願いします」だけでは人は動きません。

あと一歩、どうしてもあなたの力が欲しい。

こうした思いを伝えるのに最適な言葉が「画竜点睛」なのです。


「画竜点睛」は、最後に入魂のひと手間をかけることで、作品のクオリティが圧倒的に高まる、仕上げの大切さを教えている言葉です。

そしてその仕上げのひと手間が、予想を超えるような成果を引き出してくれることがあるのです。


「仕上げは大切」と誰もがわかっています。

ところが実際には、「何か物足りない」と感じながらも、「こんなものか」と割り切ってしまうことはないでしょうか。

時間をかけて積み上げてきたのに、仕上げの甘さから思うような評価を得られず、残念な結果に終わってしまう。もったいないことです。

「画竜点睛を欠く」ように、最後に竜の目を描く「点睛」を意識しないで、仕上げることが多い。だからこそ、そこにチャンスが生まれます。

「画竜点睛」と最後のひと手間を意識することで、圧倒的な成果を生み出せるのです。

ときには、誰かの力を借りることが「点睛」となり、絵から竜が飛び出すような信じられない素晴らしい結果を引き出すこともあります。

割り切って、それなりの結果で終わりつづけるのか、入魂の「点睛」を探しつづけるのかでは、人生の成果が大きく違っていきます。

自分にとっての「点睛」とは、どのようなものか、考えてみませんか。

また、「画竜点睛を欠く」に似た言葉に「仏つくって魂入れず」があります。形はできているけれども、気持ちがこもっていないので役割を果たしていない、機能を発揮できていないという意味です。
「点睛」の一つは、気持ちや情熱ではないでしょうか。
「これでいいのか、油断はないか、まだまだ打つ手は残っているぞ」と最後の最後まで「点睛となるピース」を探しつづける情熱。これこそが点睛の正体なのかもしれませんね。

こんな言葉でも言い換え可能！

仏つくって魂入れず…欠かせないものが抜け落ちていることのたとえ。逆の意味の言葉は、「蛇足」。

盲亀《もうき》の浮木《ふぼく》

わが孫に拾われるとは
盲亀の浮木じゃな
よしよし
じいじ、
ネコ拾った

由来・意味

出会うことが甚《はなは》だ困難であることのたとえ。また、めったにない幸運に巡り合うことのたとえ。深海に棲《す》む目の見えない亀が、100年に一度、海面に上がってくる。その亀の首が水面に漂う浮木の穴にたまたま入ってしまうという寓話《ぐうわ》から。

例文

盲亀の浮木、優曇華《うどんげ》の花、ご縁を感じます！

思いがけないところで、思いがけない人に会ったとき、「奇遇ですね」という言葉が、スッと出てくるようなら、言葉の使い手としてかなりの上級者です。

その上の表現を目指すならば、この言葉「盲亀の浮木」を使いましょう。

さらに例文にある「優曇華の花」とは、3000年に一度だけ咲くという伝説の花です。奇跡のような開花の瞬間を見ることができる幸運を意味します。

思いがけない出会いを「奇遇」＝偶然のものとして片づけてしまうのか、「盲亀の浮木、優曇華の花」と縁を感じて、必然のものと相手に伝えるのでは、出会いの意味が大きく変わっていきます。

この「盲亀の浮木」は、あり得ないほどの確率ではあるが、絶対にないとはいえない本当に奇跡のような出会い、チャンスを意味しています。

幸運な出会いの際に使いたい素敵な言葉です。落語や講談でも奇跡的な出会いを表す枕としてよく使われていましたが、あまり知られていないため、少し使いにくい言葉でもありました。

ところが近年、志賀直哉の『盲亀浮木』という小説を原作にNHKがドラマを制作し、それが全国放送で好評を博しました。それ以来「盲亀の浮木」も少しずつ知名度を得るようになりました。今こそ、積極的に使っていきたい言葉です。

「因縁果《いんねんか》」という言葉があります。元々は仏教用語です。真ん中の「縁」を省略して「因果」という表現でよく使われます。「因」は、原因のこと、蒔《ま》かれた種のことです。「果」とは結果のことで、蒔かれた種が実らせる果実のことです。

蒔かれた種の通りの結果が生まれる。トマトの種を蒔いて、ナスができることはない。善因善果そして悪因悪果、良い種を蒔けば、良い結果が生まれ、悪い種を蒔いてしまうとやがて、悪い結果が生じてくる。因果応報ともいわれます。

ところが、自らの人生を切り開いていくためには、「因果」という言葉では省略されている「縁」が重要になってきます。

因果の道理を変えることはできませんが、因に対する結果の大きさは「縁」によって変えることができます。

トマトの種を蒔き、トマトができる。そのことは変えられませんが、トマトの大きさや出来栄えは、水や栄養の与え方で変えることができるのです。ひと手間かけて、工夫する。意思を持って行動する。たとえ蒔いてしまった種がマイナスとなり得る原因でも、大難を中難に、中難を小難に、小難を無難にすることができるのです。
また、同様に小さな出会いを大きく活《い》かしていくことも、言葉の使い方によってできるのです。

人生は出会いによって変わります。
一冊の本、一つの言葉との出会いも、盲亀の浮木のご縁なのかもしれません。
良縁をしっかりと繋《つな》ぎ止める言葉を積極的に集め、使っていきたいですね。

こんな言葉でも言い換え可能!

千載一遇《せんざいいちぐう》…1000年に一度しか巡り合えないような稀《まれ》な機会。

空前絶後…後にも先にも起こらなそうな稀なさま。

小さなありがとうを
積み重ねる言葉

感恩報謝《かんおんほうしゃ》

坊っちゃまを助けていただき
ありがとうございました
私は迷子センターに
連れていっただけですから…

由来・意味

日本の四文字熟語。恩を感じた人に最高の礼をもって報いたいという気持ち。「感謝」の語源となる言葉。「感恩」は、受けた恩をありがたく思うこと。「報謝」とは、恩に報いること。謝は、謝るという意味ではなく、中国語の「謝謝」から。中国語の謝（シェ）には本来「謝る」という意味はなく「ありがとう」を指す。

例文

ありがとうございます！　感恩報謝！　いただいたご厚情は、胸に刻ませていただきます。

誰かに何かをしてもらって、「ありがとう」「ありがとうございます」だけでは物足りない、もっと感謝の思いを伝えたい。思わず「感謝します」と言いたいときに、代わりにこの言葉に置き換えてみましょう。

人が大好きな言葉の一つ、それは「ありがとう」です。

人は、誰かから感謝されたり、自分が誰かの役に立っていることを実感したりしたいものです。感謝する人ほど、人に好かれます。

では、感謝する力＝感謝力を高めるにはどうしたらいいのか。

答えはずばり、この言葉「感恩報謝」を使うこと。それだけです。

なぜなら「感恩報謝」を使うことで、感謝することの本質を理解し、実践できるようになるからです。

感恩報謝の真髄を見てみましょう。まずは「感恩」について。

じつは、この部分がもっとも肝となるところなのです。感恩＝感謝することに気づくことについて考える際に、ぜひ知っておいていただきたいことがあります。「ありがとう」の反対語とは何かを考えたことはありますか？

「ありがとう」の反対語は、「当たり前」です。「当たり前」と感じてしまった瞬間、そこに価値や感謝がなくなってしまいます。

家族がいてくれて当たり前。自分の世話をしてくれて当たり前。仕事はあって当たり前。お客様は来てくれて当たり前。数値目標は達成されて当たり前。子どもは学校に行って当たり前。自分や家族は健康で当たり前。このように、ついつい当たり前だと思ってしまって、感謝することを忘れていることってないでしょうか。

人は悲しいことに、本当に大切なものについては、失うか、失うかもしれない経験をしないと、その価値に気がつかないものです。

「感恩」とは受けた恩をありがたく思うこと。この言葉を使うことで、感謝すべきことに気づくヒントを得られるのです。

無意識で使っていた「感謝」という言葉を、「感恩」という使い慣れない言葉によって意識することで、当たり前のありがたさに意識を向けられるのです。

そして「報謝」です。感じた恩に感謝を伝えるだけでなく、その恩に報いること。

実際には、いただいた恩に、すぐに報いることは難しいかもしれません。そんなときに心に留め、また口に出して使いたい言葉があります。

それは「刻石流水」です。

「刻石流水」とは、受けた恩は意識に刻み、かけた情けは水に流すということ。ついつい逆のことをしてしまう場合はないでしょうか。人にしてあげたことは、ずっと覚えていて、誰かにしてもらったことは、すっかり忘れてしまっている。

「すぐに恩に報いることはできなかったとしても、少なくとも受けた恩は、胸に刻み忘れない。これが本当に感謝するということ」。感恩報謝はそう教えてくれています。

感恩報謝の日々を過ごしていきたいですね。

こんな言葉でも言い換え可能！

有り難し…ありがとうの反対語は当たり前。当たり前と思わずに、有ることが難しいことに気づき感謝すること。

絶好のタイミングへの
感謝を伝える言葉

啐啄《そったく》の機《き》

定年を機に
ギターを始めるぞ
あそこにギター教室
できるらしいわよ

由来・意味

学ぶ者が新境地に達しようとしているときに、指導者が最高のタイミングで手助けをすること。卵の内側から殻を破って外に出ようとするヒナ鳥が、殻を内側からつつくことを「啐」、その様子に気づいた親鳥が殻に割れ目をつくるために、外側からつつくことを「啄」という。「啐啄同時」ともいう。

例文

神の見えない手のような、啐啄の機を得た、最高のアシストをありがとうございます。一人だけの力では、とても成し遂げられませんでした。

ちょうどいいタイミングで、誰かの力を借りて、大きなことを成し遂げられたときに、「ありがとうございます」に加えて使いたい言葉です。

誰かにアドバイスをしたり、手助けをしたりしたときに、相手から「お節介」や「余計なお世話」だと思われないだろうかと、不安になることはないでしょうか。そんなときに、相手から例文のような言葉をもらうとうれしくなって、「もっと相手のために力を貸そう」という気持ちになり、応援していくでしょう。

「応援され上手」は、応援されたときの感謝の仕方が上手なのです。

応援に対して、上手に感謝することで、さらなる応援が集まります。

これまでの自分の枠を超えて成長したいときや、自分一人だけの力では達成できそうもない大きな目標があるならば、積極的に周りのアドバイスや応援を集めることが必要になります。

絶好のタイミングへの感謝を上手に伝える言葉、それが「啐啄の機」です。

「啐啄の機」が耳慣れない方でも、「他力本願」はご存じでしょう。

この言葉、「他人の褌《ふんどし》で相撲をとる」と同じ意味であるかのように誤解されがちですが、本来の意味は違います。

「他力本願」は仏教用語です。本願とは大きな願いのこと。他力とは自分以外の存在の力です。「他力本願」の本当の意味は、「大切な大きい願いの実現のためには、自分の力だけでは限界があり、自分以外の力を借りることが必要」ということなのです。

そしてポイントは、**他力は自力を出しつづけているところに現れることです。**

ヒナ鳥が卵の殻を破ろうと、まだ柔らかいくちばしで殻を内側から必死でつつく。その様子に気づいた親鳥が、ヒナ鳥がつついているまさにその同じ場所を外側からつつき、殻を割ってあげる。

自分をヒナ鳥＝「応援を求める者」という立場で考えると、「自分が殻を破って外に出たい」という意思表示をあきらかにすることが大切です。自分が成し遂げたいことを明確にして、それに対して、周りにそのことがわかるほど行動していく。

開きたい扉に対して、その扉が開くまで、相手が気づくまで、諦めずに力強くノックしつづけることが必要です。

逆に自分を親鳥＝「指導者」の立場として考えると、常に卵のそばにいて、その様子を根気強く観察していくことが大切です。「時期がくれば、必ず卵は孵化《ふか》する」と信じてそばにいて注意深く見守りつづける。

そして、殻の内側から「殻を破りたい」という意思を受け取ったならば、そっと手助けをしてあげる。

放任主義でもない、過干渉でもない、教育においての究極の姿の一つともされている「啐啄の機」「啐啄同時」。頭の引き出しに入れておきたい言葉です。

こんな言葉でも言い換え可能！

待てば甘露《かんろ》の日和《ひより》あり…焦らず待てば、良い機会がやってくる。

心の師への思いを
具現化する言葉

私淑《ししゅく》する

由来・意味

直接会って指導を受けることができない人を師として慕い、その人の言動を模範として学ぶこと。著作を出しているような有名人だけでなく、尊敬したくなるような人ならば、誰でも私淑する対象となる。私淑の「私」は「ひそかに」という意味。「淑」は「よしとする」＝「慕う」という意味。孟子の言葉。

例文

ようやくお会いできました！　光栄です。私淑させていただいておりました。

人生において重要な財産となるのが、良き師との出会いです。人は弱いもの、易《やす》きに流されてしまうものですが、師を得ることで、自分の中に芯や軸が確立されていきます。自分が望むところへ、的確に導いてくれる師の存在がいる。これほどありがたいことはありません。

ところが「啐啄の機」という言葉があるように、自分の意思とタイミングで師と出会えるチャンスは、じつは絶望的なほど少ないのです。良き師との「邂逅《かいこう》」は、偶然と偶然が重なり合う奇跡の出会いです。

とはいえ、奇跡を頼ってばかりいても仕方がない。良き師を見つけ、自分のタイミングで学びはじめるにはどうすればいいのか。その答えが「私淑」という言葉、そして「私淑する」という行動です。

「自分のロールモデルにしたい」と思えるような人物や、尊敬する人を師と仰ぎ、その人の言動を模範として学びはじめてしまうのです。相手の許可は必要ありません。一方的に片想いで始められるのが私淑です。

日常的によく使われる「尊敬」と「私淑」は違います。

私淑には、「その人から学ぶ」という能動的な意味が強く込められています。

尊敬は、相手から「すごい」と感銘を受けるだけで、自分は何も変化しようとはしていないときでも使える言葉です。「尊敬します」と言うとき、「自分には無理なので」と諦めが入ってしまっていることはないでしょうか。

私淑は、相手から影響を受け、その人に近づこうと学び、変化していく姿勢や覚悟までも伝える言葉です。「尊敬しています」と「私淑させていただいています」と言われるのでは、その言葉を受け取った方の印象は大きく違ってくるのです。


私は、2007年に講演会に参加させていただき感銘を受け、多摩大学大学院名誉教授の田坂広志さんに私淑させていただいております。「野望」と「志」の違いについて学ばせていただき、私の人生の背骨となっています。

著書を出されていたり、講演やセミナーをされたりしている方だけでなく、無名でも尊敬できる人なら、どなたを私淑していただいても大丈夫です。また、すでに亡く

なっている方を私淑することもできます。

ご存命の方を私淑していると、将来の楽しみができます。それは、私淑させていただいている方にお会いできたときに「私淑させていただいています」とご挨拶できることです。ワクワクする瞬間です。

また、この言葉は相手に対する最高のプレゼントにもなります。2015年7月、私はこの言葉を田坂広志さんにプレゼントすることができました。

私淑する相手は、何名でも大丈夫です。

さぁ、「私淑させていただいています」という言葉のプレゼントの準備、さっそく始めてみませんか。

こんな言葉でも言い換え可能！

敬慕《けいぼ》…心から尊敬し、敬うこと。

謦咳《けいがい》に接《せつ》する

全力で
学ばせていただきます
降りろバカ
失格になっちまう

由来・意味

尊敬する人に直接話を聞く、親しくお目にかかるさま。謦も咳も「せき」の意味。出典は『荘子』徐無鬼篇とされる。

例文

やっとお会いできました！　謦咳に接する機会をいただき、光栄です。全集中で学ばせていただきます。

尊敬する人に会えた。自分が師と仰ぎたい人にようやく会うことができた。その感激の気持ちを伝えるのに使いたい言葉です。

また、初対面の際に「自分自身」を相手に強く印象づける言葉でもあります。

「お会いできて光栄です」と伝えるのもいいのですが、「その人から学びたい」という気持ちが強くあるのなら、「謦咳に接する機会をいただき、光栄です」を使いましょう。

「お会いできて光栄です」は、「会えた事実だけで満足しています」というニュアンスを伝えてしまいます。言われた方は悪い気はせず、「その言葉」は気持ちよく受け取ります。しかし、「その言葉を発した人」のことはあまり強くは印象に残りません。一緒に記念撮影をして、次の瞬間には忘れられてしまうこともあるでしょう。

それに対して「謦咳に接する」は、近い距離で学ぶ印象があるため、「自分の一挙手一投足が観察されているのだ」という緊張感を相手に与えます。

それによって、その言葉を発する人のことが強く印象に残るのです。

師となる人を見つけ、その謦咳に接すること。人生において、これほど価値のあることは、なかなかないものです。その価値に気づき、出会えた師の懐に一気に飛び込むことができる。この言葉を使う機会を積極的に探していきたいですね。

私たちはどれほどのお金を払っても、故人の謦咳に接することはできません。日本のシャネルのトップだったリシャール・コラスさんは、自分のオフィスの壁にココ・シャネルの写真を貼り、1日の最後に、「ココ・シャネルなら、自分の仕事ぶりをどのように評価しただろう」と写真から声なき声を受け取っていたそうです。素敵なお話ですが、「ココ・シャネルの謦咳に接する」には及びませんよね。

ところが現代においても、今この瞬間に、のちに歴史上の偉人と評される人物が必ず存在しているのです。そのような人物を探し、まずは私淑して、やがて謦咳に接する機会を見つける。

そして、この言葉の出番です。

「私淑させていただいていました。謦咳に接する機会をいただき光栄です」

師を選ぶ際の三つのポイントについても、お伝えいたしますね。

一つ目は、その師自身が望む結果を出していること。

二つ目は、その師から学んだ人も、自分が望む結果を出していることです。師匠はすごいのだけれど、その人から学んだ人は結果を出していないとなると、プレーヤーとしては素晴らしいけれども、師としての資質に疑問が生じます。

三つ目は、その師自身が現状維持に留《とど》まらず、さらに進化成長を続けていることです。

これらのポイントを満たす人が、もし思い当たるならば、それだけで、もう幸せだといえるでしょう。

同じ時代を生きているからこそ可能な「謦咳に接する」機会。

さぁ、あなたは誰の謦咳に接しますか。

こんな言葉でも言い換え可能！

薫陶を受ける…優れた人物からの影響で人格が磨かれること。

胸を借りる…実力のある者に練習の相手をしてもらうこと。

実力者の力を借りて
活躍への道を切り開く言葉

伯楽《はくらく》の一顧《いっこ》

署長の伯楽の一顧で
天才ハッカー採用か
摘発
できたよ

由来・意味

実力者に認められて活躍する機会を得ること。「伯楽」は、名馬を見分ける名人のこと。伯楽が市場から出るときに、ある馬を振り返ったことで、その馬の値段が10倍に跳ね上がったという故事から。中国の古典『戦国策』燕策より。

例文

私の伯楽となって、アドバイスをしていただけませんでしょうか。そして、もし叶《かな》うならば、○○さんをご紹介いただけませんでしょうか。

謙遜して生きていくには、この人生はあまりに短すぎます。積極的に影響力のある人や目上の方の力を借りて、人生を切り開いていきたいものです。そんなときに知っておくと役に立つ言葉が、この「伯楽の一顧」です。謙遜せずに、一歩も二歩も前に出て生きていきませんか。

どれほど価値のあるものでも、その価値が伝わらなければ意味がありません。認める力を持つ者に見出《みいだ》されることによって初めて、価値は表に現れるのです。

伯楽は名馬を見出す名人ですが、あらゆる業界にそれぞれの伯楽がいるのではないでしょうか。その伯楽に、自分の力を認めてもらい、それを足掛かりに自分の活躍の場を広げていく。そのための手間を惜しまない。これが、一度きりの人生を生き切ることではないでしょうか。

まずは自分にとっての伯楽を見つけ、その方からアドバイスを受ける。今の時点では自分にまだ力がなかったとしても、伯楽からのアドバイスで成長を重ねていくことができます。

大量の情報が溢《あふ》れかえる現代社会では、情報単体での価値は低くなります。その一方で、莫大《ばくだい》な情報の中から真に価値あるものを選別し、提供している人の影響力が高まっています。それが、「目利き」すなわち「伯楽」です。

自分が存在を示したい分野での「伯楽」を見つけたら、遠慮せずに「伯楽の一顧をお願いします」と積極的かつ直接的にアプローチしましょう。真の目利き＝伯楽の反応は、最初は厳しいものであるかもしれません。

だからこそいいのです。

厳しいことを言われたら、「自分の伸び代が見つかった」と喜んで、そこであらためてアドバイスを請うのです。そして、そのアドバイスを取り入れ、再度、「伯楽の一顧」をお願いする。これを繰り返す。そこには、成長しかありません。

この「伯楽の一顧」の故事では、市場に馬を出していた男性は、伯楽に謝礼を支払い、馬をよく観察し、立ち去り際に、もう一度振り返って馬を見てもらうことを依頼しています。「なんだ、謝礼が発生していたのか」と思われる人もいらっしゃるかもしれません。

しかし、謝礼をいくら積んだとしても、その馬が駄馬ならば、伯楽は依頼には応じていなかったでしょう。馬は間違いなく駿馬《しゅんめ》であり、まだ認められていないだけだったのです。

どれほどの名馬でも、伯楽の一顧がなければ、生涯ただの平凡な馬としての評価しかなかったかもしれません。ひと手間かけて、勇気を持って、投資思考で「伯楽の一顧」を勝ち取る。そんなチャレンジをしてみませんか。

一度きりの人生、限りある命ですから。

こんな言葉でも言い換え可能！

太鼓判を押す…間違いないと請け合うこと。確かであると保証すること。

お墨付き…権力者や権限のある人の承諾や保証のこと。

他者からの評価軸のはるか先にいる
抜きん出た人に使いたい言葉

君子《くんし》は器《き》ならず

由来・意味

本当の大人物は、器の大小という一般的な評価を超えた存在であるとの意味。君子とは、学識・人柄ともに優れた人格者、優れたリーダーのこと。器とは用途の決まった道具。指導者は、限定された一芸一能に偏ることなく、幅広く自由にその才能を活かすべきであるという意味。孔子の『論語』為政篇より。

例文

君子は器ならず、あらゆる評価基準を凌駕《りょうが》した、真の大人物ですね。

何とも摑みどころのない人、茫洋《ぼうよう》としているけれども結果を出しつづけている人に使いたい言葉。また、尊敬はしているのだけれど、具体的にどこがすごいのかを見つけられない人に対しても使える言葉です。

人に対する評価の一つに、人としての器の大小があります。そして、人としての器は、大きい方がいいと思われていますよね。

ところが、「そんな他者からの評価を超えた存在こそが、『君子』すなわち真のリーダーだ」と孔子は説いています。

1章で「大器晩成」をご紹介しました。

この「大器晩成」は、ある言葉の後に続く表現です。その言葉は「大方無隅《たいほうむぐう》」。「方」は四角のこと、「無隅」は隅が見えないことを意味します。大きな四角は隅が見えない。この「大きさ」がポイントです。地球上に立っていると、地球が球形であることに気がつかないように、一辺が数キロあるような四角形の真ん中に自分が立っていると、隅があることがわからない。

人物もまたそうかもしれません。**自分の物差しで測れない人を「すごい」と認めることは、なかなか難しいことです。しかし、測れないからこそ、計り知れないすごさがあると認めていくこと。これが君子に近づく第一歩なのではないでしょうか。**

若い頃、突拍子もないことばかりして「尾張の大うつけ」といわれた織田信長のように、大きなことを為《な》す人は世間の評価では測れない場合も多いのです。

電球をはじめ、数々の歴史的発明を残したトーマス・エジソンは、先生を質問攻めで困らせて小学校を3か月で退学になっています。「1＋1＝2である」ことを教える算数の授業で、「1個の粘土と1個の粘土を合わせたら、大きな1個の粘土になる。どうして2になるの？」と質問して先生を困らせたようです。先生は、エジソン少年のことを「頭が悪すぎる」と判断して指導を拒否しました。

理解できないからその人を拒絶するのではなく、「自分の理解の先にいる人」「新しい可能性を拓《ひら》いてくれる人」と認識してみてはどうでしょうか。

また、自分の考えが相手や世間に理解されない場合にも、「君子は器ならず」と捉えてみましょう。これまでの価値観や常識にとらわれないことに挑戦しているからこそ理解を得られないのだと考えるのです。

さらに、自分が器、道具となるのではなく、誰かの才能を活用する人になりなさいという意味で、鉄鋼王と呼ばれたアメリカのアンドリュー・カーネギーの墓碑名にこのようなものがあります。「己より優れた者を周りに集めた者、ここに眠る」。「君子は器ならず」。味わい深い言葉です。

こんな言葉でも言い換え可能！

上善水の如し《ごと》…万物に利益を与えながら、他と争わずに容れ《い》物の形の通りに姿を変える水の様子を、最高の善にたとえた言葉。

ユニーク…本来は「唯一の」という意味。そこから個性的、独特、無比、独自であること。

3 章

魂を
奮い立たせる
言葉

やる気を示し、

士気が段違いに上がる言い回し

心に火をつける。やる気を引き出す。

数えきれないほど本が出版されている、

多くの人を悩ませるテーマです。

特に昨今のリモートワークが定着した社会では、

以前よりも難しさを感じている人が多いことでしょう。

突き進む力強いイメージをつくり、

聞いた人の脳内にやる気の種を蒔《ま》く言葉を磨いてみませんか。

周囲と自分自身に覚悟や気迫を
宣言する言葉

一意専心《いちいせんしん》

由来・意味

惑うことなく、脇目も振らず一つのことに集中すること。「一意」とは一途《いちず》に心を向けること、「専心」とは一つのことに集中すること。中国の古典『管子』の「健全な体で穏やかに一つのことに集中すると、感覚は鋭くなる」から。

例文

一意専心、これを成し遂げるために生まれてきた！　の覚悟で取り組みます。

「一生懸命」という表現では伝えきれない、自分の真剣さをアピールしたいときに使いたい言葉です。一生懸命も悪い表現ではないのですが、一般的に使われているので、相手の心には残りにくいものです。かといって「命懸けで」という言葉では、大袈裟《おおげさ》すぎて逆に軽く伝わってしまうこともある。

「一意専心」は耳慣れない言葉ゆえに、自分の覚悟や気迫が相手に伝わるのです。

心理学に「フロー」という言葉があります。ある活動に完全に没頭し、集中している心理状態を表す言葉です。スポーツの世界では「ゾーンに入る」と表現されることもあります。

この状態になると、人は最高のパフォーマンスを発揮できるといわれています。『管子』の中で紹介されている、「健全な体で穏やかに一つのことに集中すると、感覚は鋭くなる」＝「一意専心」は、まさに現代の科学が解き明かした「フロー」のことを表しています。

一意専心することができると、最高のパフォーマンスを発揮できるのです。

それでは、どのようにすればいいのか。古典と最新科学のいいとこどりで「フロー」に入るポイントをお伝えしておきましょう。

ポイントの一つ目は、課題設定の難易度です。

簡単ではないけれど、達成可能で適度な困難さの課題であること。

二つ目のポイントは、環境を整えること。

集中できる環境を準備する。電話が鳴らない、周りの人が声をかけない、ＳＮＳの通知を切るなどの配慮をして、物理的に集中できるようにする。

三つ目のポイントは、楽しむこと。

「フロー」は、ご褒美で釣られたり、脅されたり強要されたりした状態では実現できません。創意工夫しながら楽しむことが大切です。

話を「一意専心」に戻しましょう。

一意専心の素晴らしいところは、「一意専心」と言葉を発した瞬間に、「一意」に意識がいくところです。現代人は、常にマルチタスク、複数の作業を頭の中で同時進行させています。**並行して取り組んでいることの中で、何に集中して「専心」していくのかを、決めるスイッチとなる言葉、それが一意専心なのです。**「これを選び、これだけに集中していく」という覚悟を自分と周りに確認、宣言する言葉です。

「一意専心」と非常に似た言葉に「一心不乱」がありますが、そのことを楽しんで行っているかというとそうではなく、修行僧のような苦行をするイメージです。

「一意専心」は、楽しみながら、最高のパフォーマンスを発揮する状態を表した言葉です。仕事に趣味に「一意専心」。楽しみながら結果を出すっていいですね。

こんな言葉でも言い換え可能！

一心不乱…一つのことに集中して他のことにとらわれないさま。

心身ともに準備万端だと伝える言葉

腕《うで》を撫《ぶ》す

由来・意味

十分に腕前を発揮できる機会を待ち望む。準備ができていて、心が奮い立ち、やってやろうという状態のこと。日本の慣用句。

例文

この分野はお任せください。腕を撫して、この機会を待っていました。

自分の専門分野について依頼を受けたときなどに使いたい言葉です。

「腕を撫す」には、①準備は万端整えてある、②気合が入って、武者震いしそうだという二つのニュアンスが含まれています。**スキルもマインドも両方の準備が整っています。「この機会をずっと待っていました」という気持ちを一語で相手に伝えられる言葉です。**

近年、多様性の調和として、性別や年齢、国籍、ライフスタイル、価値観などあらゆる面を互いに認め、良いところを互いに活《い》かす手法である「ダイバーシティ・アンド・インクルージョン」が注目されています。多様性を力に変えることが、これからの組織運営においては大きなポイントなるのです。

トップダウン・マネジメントからチームビルディングへ。先頭車両にだけ動力がある機関車型から、それぞれの車両にモーターがついている新幹線型へ。さらには、レールさえ超越したドローン型へ。このように組織の形態は変わっています。

個々人が専門性を持ち、得意分野で力を発揮していく。

自分の専門分野を磨き、十分な準備を重ね、その分野で力を発揮する機会があれば、積極的にアピールしていきたいですよね。

そして、かねて準備してきた自分の役割を果たす場面が現れたら、ぜひこの一言「腕を撫して、この機会を待っていました」を相手に伝えてください。

この言葉を受け取った人は、あなたの自信も一緒に受け取り、安心を得るでしょう。その相手に与える安心が、準備の成果を発揮する機会をさらに増やしてくれるのです。

もちろん、この言葉を自信を持って言えるためには、十分な準備が必要です。その一方で一番残念なことは、準備はできているのに、その準備を活かす機会をもらえないことではないでしょうか。

何かを依頼されて、「了解しました。取り掛かります」と言うのと、普段から「この分野はお任せください。この機会を腕を撫してお待ちしておりました」と伝えているのとでは、相手のあなたに対する印象が大きく変わります。「腕を撫す」準備を着々と進めていきませんか。

また、準備をすることに関しては、私の頭の中でいつもこだましている言葉がありますので、ご紹介させていただきますね。

それは、**「これでいいのか、油断はないか、まだまだ打つ手は残っているぞ」**です。

この言葉を頭の中で、3回ほど繰り返してみると、不思議なことに、やれること、準備できることが、さらに見つかったりします。

この繰り返しの先に「腕を撫す」が出来上がっていくのです。

心から「腕を撫す」と言えるための準備を、日々重ねていきたいですね。

こんな言葉でも言い換え可能！

意気衝天…天をつくほどに意気込みが盛んなこと。

満を持す…十分な準備をして機会が訪れるのを待つ。

騎《き》虎《こ》の勢《いきお》い

これから騎虎の勢いで
マニフェストの実現を目指しましょう！
そうだな！
で、マニフェストなんだったっけ？
祝当選

由来・意味

虎に乗った者は途中で降りると虎に食われてしまうので降りられないように、やりかけた物事を最後までやり遂げること。その覚悟を伝える言葉。中国の故事から。

例文

「乗りかかった船」という生やさしいものではなく、「騎虎の勢い」の覚悟で取り組ませていただきます！

自分自身の覚悟を強固にし、そして周りに伝える言葉があります。

それが「騎虎の勢い」です。


人やチームを動かすもの、それは、「目の前にいる人の覚悟」ではないでしょうか。リーダーの覚悟が、関わる人を動かしていく。逆にいうと、覚悟を決めた人こそが肩書きにかかわらず真のリーダーとなる。覚悟が人や組織を動かしていくのです。


では覚悟は、どのようにして相手に伝わるものなのでしょうか。

覚悟が伝わる場面には、さまざまありますが、**もっとも深くその人の覚悟を伝えるのが、「一つの取り組みに対する継続」です。**

物事を始めること自体は容易なことです。難しいのは情熱を維持しながら、その取り組みを継続していくことです。

あなたも思い返してみると、「始めるまではよかったが、結局は続かなかったこと」はないでしょうか。だからこそ継続することは尊く貴重で、相手に強い印象を与えるのです。

これからも継続するという覚悟を相手に強く伝える言葉、それが「騎虎の勢い」です。

騎馬のように馬に乗っているのならば、自由に降りたり、再び騎乗したりして進み出すこともできるでしょう。進むスピードも、手綱を操り自由自在です。

ところが騎虎はそうはいきません。想像してみてください。虎にまたがって駆けていく様子を。虎がヘトヘトになって力尽きるまで、途中で乗り手が降りることは許されない。手綱を緩めた瞬間に、虎に襲われてしまう。手綱を緩めず最後まで駆け抜けるしかないのです。

どうでしょう? 虎にしがみついて必死になっている、緊張感溢《あふ》れる映像が頭に浮かんできませんか。

そう、言葉がイメージをつくり、イメージが覚悟を固めてくれるのです。

このように頭の中にイメージが浮かぶ言葉は、非常にパワフルです。

相手の頭の中にイメージが浮かぶような話し方や表現を意識することは、じつは非常に重要なポイントなのです。

言葉によって、自分と相手の頭の中に共通のイメージを映し出してみせる。いうなれば、言葉のプロジェクターを駆使してみせる。これは周りに対する影響力の大きい人が無意識で行っていることです。

ただし、「騎虎の勢い」にも使いどころの注意点があります。

いつでも騎虎の勢いばかりでは、命がいくつあっても足りません。「ここ一番の覚悟を自分自身が固めたい」「これまでにない勢いで取り組むという思いを伝えたい」、そんなときに使いたい言葉なのです。

こんな言葉でも言い換え可能！

一気呵成《いっきかせい》…詩や文章をひといきに仕上げること。大急ぎで物事を完成させること。

うまくいかなかったことからの
再起を誓う言葉

捲《けん》土《ど》重来《ちょうらい》

由来・意味

巻き上げた砂ぼこりが一旦収まっても、また巻き上げるさまを表した言葉。人も砂ぼこりと同じで、落ち込むことがあっても、きっとまた盛り返すときがくることを意味する。「捲土」は砂ぼこりを巻き上げる様子のこと。「重来」は再び起こるの意。中国唐代の詩人・杜牧が、武将・項羽に捧《ささ》げた詩「題烏江亭」から。

例文

悔しい思いをした経験があるからこそ、捲土重来、力が湧いてくるのです。

うまくいかないことがあり、そこからもう一度立て直し、「前回の経験を活かして成功させるぞ」という覚悟を伝える言葉です。

「再起を図る」「汚名返上」「名誉挽回《ばんかい》」などの言葉の代わりに使うと、再び巻き上げる砂ぼこりというビジュアルのイメージも伝わり、より力強く、自分や相手の心に響きます。

「再起を図る」の「再起」とは、活動できなかった者が、再び活動を始めることで、リスタートの意味。これまで何もやってこなかったが、これからいよいよ始めますというニュアンスが入ります。

「汚名返上」は、これまで貼られていた良くないレッテルを剝がすことに挑戦するという意味。マイナスだった印象をプラスに変化させるときに使います。

逆に「名誉挽回」は、これまで積み上げてきた良い評価が、何かの失敗によって傷ついたため、それを回復するという意味です。過去にプラスの評価のある前提が必要になります。「毎年優勝してきたが、今年は3位。来年は名誉挽回を図るぞ」というときに使います。

「捲土重来」は、これらの言葉とは違い、前提条件がなくても使えます。

うまくいかなかったことがあり、「そこからもう一度勢いを取り戻して、結果を出すぞ」という覚悟を、巻き上げる砂ぼこりという視覚情報を添えて、力強く伝えてくれます。

もし、前提条件があるとするならば「うまくいかなかったことがあること」だけです。**この「うまくいかなかったこと」をエネルギーに変えているところがポイントになります。**うまくいかなくて、悔しい。その悔しさが力となり、再び立ち上がることができる。そして「捲土重来」のイメージを頭に浮かべることで、前に進みつづけることができるのです。

過去の経験を発酵・醸造させるのか、腐敗させるのか。これは仕事でも人生でも大きな違いとなります。

発酵・醸造は、ときを経て自分や周りの人の役に立つ「糧」に変化すること。

腐敗は、時間の経過とともに人の害となる「毒」に変化することです。**うまくいかなかった経験を発酵・醸造させ、糧にできる。そんな酵母となる言葉があります。それは、「これは何のチャンスだろう？」という言葉です。**

「ピンチはチャンス」という、よく似た言葉がありますが、二つは似て非なる表現です。目の前が真っ暗になるぐらい、うまくいかないことが起きたときに、「これは何のチャンスだろう？」と自分自身に質問してみると、脳はその答えをずっと探しつづけてくれます。

そして、ふとしたタイミングで、その質問に対する答えがひらめくのです。大切なことは、自分に対して質問をしておくことです。

捲土重来への第一歩、それは、この質問から始まります。

「これは何のチャンスだろう？」

こんな言葉でも言い換え可能！

起死回生：滅びかけたことを再びよみがえらせること。

人間《じんかん》到《いた》る処《ところ》青山《せいざん》あり

由来・意味

世の中は広く、故郷に骨を埋めないといけないことはない。大志を抱き、今いる場所を飛び出して、大いに活躍すべしという意味。「人間」とは、人の住む世界、世の中のこと。「青山」とは、死んで骨を埋めるところ、墓所のこと。幕末の僧・月性が故郷を後にする際、書き残した漢詩「将東遊題壁詩」の一節から。

例文

人生はあっという間。人間到る処青山あり、自分を活かす機会を求め、飛び出して環境を変えていこう。

希望とともに不安を抱えながら、環境を変える挑戦をする人、具体的には就職や転職などで住み慣れた場所、働き慣れた職場を離れる友人や後輩に、送別のときに使いたい言葉です。

また、置かれた環境で結果を出すことができず、認められず、悶々《もんもん》として塞ぎ込んでしまっている人へ、環境を変えるよう背中を押す言葉としても使いたい一言です。

この言葉を残した僧・月性が生きた幕末とは違い、今では生まれ故郷に留《とど》まり、そこに骨を埋めることだけを考えている人は、少ないかもしれません。

むしろ、時間距離が近くなり、ますます人間＝世間が広くなっている現代では、国内に留まらず、海外に活躍の場を求め飛び出す人も多いでしょう。

だからこそ、送別の言葉として使う機会が多くなる言葉です。

また、自ら環境を変え、飛び出していける人がいる一方で、「自分の見えている範囲の世界だけが、世の中のすべてである」と思い込んで、そこに居場所を見つけられず苦しんでいる人もたくさんいます。

学校や職場や家庭、友人関係、あるいは趣味の世界など、そのいずれかに自分の居場所を見つけることができれば、人は苦しみの中に活路を得ながら生きられます。心の拠《よ》り所ができるからです。

では、いずれの場所にも自分の居場所が見つからないときはどうでしょうか。自分を取り囲む環境、そのすべてに自分が否定されているように感じたら……。きっと、絶望感に包まれてしまうことでしょう。

そんなときにこそ「人間到る処青山あり」です。

今いる場所を飛び出して、自分を活かす場所を探すこと、環境を変えることに挑戦するのです。

この言葉は、他人を応援するときに使うばかりではなく、「誰の役にも立っていない」と感じてしまうときに、自分自身を奮い立たせてくれます。

骨を埋める場所は、世の中にたくさんある。

だから、どんどん飛び出していこう。
そんな気持ちが心に湧いてきます。

「青山」とは、本来の意味は「骨を埋める場所、墓地」です。
その意味を知らない人が、なんとなく「青い空、広い雲」「雄大な山」＝「青雲の志」のイメージを浮かべることもあります。青雲の志とは、本来は徳を磨いて、立派な人物になろうとする心を指すのですが、これもまたよし、ではないでしょうか。

こんな言葉でも言い換え可能！

少年よ大志を抱け…クラーク博士の言葉。若者は大きな志を持って世に出よの意。

住めば都…どんなところでも住み慣れるとそこが心地よく思われていくということ。

天《てん》網《もう》恢《かい》恢《かい》疎《そ》にして漏《も》らさず

由来・意味

天の張る網は、広くて一見目が粗いようであるが、悪人を網の目から漏らすことはない。悪事を行えば必ず捕らえられ、天罰を受けること。『老子』73章から。

例文

「天網恢恢疎にして漏らさず、そして、悪事千里を走る」を念頭に置き、迷ったら真っ当な方を選んで生きてきました。

道理をわきまえ、人としての道を大切にして生きている人間であると相手に印象づける言葉です。

また、自分を律する言葉として、常に頭に置いておきたい表現でもあります。

これに加えて「悪事千里を走る」という言葉もイメージできていると、欲に駆られて誤った道を選ぶこともないでしょう。

「悪事千里を走る」も中国の故事からの言葉で、悪い行いの情報はとても早く、そして広く伝わるという意味です。自戒を込めて、頭の引き出しに入れておきたい言葉ですね。

そして、「天網恢恢疎にして漏らさず」は「正直者が馬鹿を見ない」という生き方をする人に勇気を与えてくれる言葉でもあります。

ことわざや故事成語には、正反対の意味を持つと思えるものが、いくつもあります。

「好きこそ物の上手なれ」と「下手の横好き」。

「善は急げ」と「急がば回れ」。

「君子危うきに近寄らず」と「虎穴に入らずんば虎子を得ず」など。

その中の一つに、「正直者が馬鹿を見る」と、「正直の頭《こうべ》に神宿る」があります。「正直者が馬鹿を見る」とは、「悪賢い者がうまく立ち回って利益を得るのに対して、正直者は真面目に生きているばかりで損をする」という意味。
「正直の頭に神宿る」は、「正直な人は神が見守り、いずれ必ずそのご加護がある」という意味です。

一見正反対にも思えるのですが、「天網恢恢疎にして漏らさず」と考えてみると、何か安心できないでしょうか。目の前の小さな損に心乱されることが少なくなるようです。

短期的に見れば、正直者が馬鹿を見ることがあるかもしれませんが、長期的に見れば、神様や仏様やお天道さんに見守られている、ご加護がある。必ずいいことが起こる。「正直者が馬鹿を見ない」と信じて生きていくことができるのではないでしょうか。

正直に生きる、真っ当に生きるという点に関して、私が心がけていることがあります。それは、何かの判断に迷ったときに自分自身の考えを決める基準です。

迷ったときにどの選択肢を取るか、その判断基準。
それは、「どちらを選べば自分の人相が良くなるか」という一点です。

短期的に大儲《おおもう》けができそうでも、「人相が悪くなりそうだな」と感じたら、選ばない。
損をしても、「人相が良くなりそうだな」と感じたら、そちらを選択する。
この判断をするようにしてから、選択してからの後悔が、まったくありません。
そして、これでもまだ、人相が良くなってきている方だと思います。
過去の人相については……、ご想像にお任せいたします。

こんな言葉でも言い換え可能！

因果応報…良い行いには良い報い、悪い行いには悪い報いがあるという意味。
天知る地知る我知る人知る…真実はこの順番で明らかになるという意味。

実績をもとに
分厚い信頼を勝ち取る言葉

面壁九年《めんぺきくねん》

由来・意味

一つのことに忍耐強く専念し、やり遂げること。長い間、脇目も振らずに努力を続けることのたとえ。中国南北朝時代、達磨《だるま》大師が嵩《すう》山《ざん》の少林寺にこもり、9年もの長い間壁に向かって座禅を続け、ついに悟りを開いたという故事から。

例文

私の強みは、面壁九年です。不器用ですが、取り組んだら、心を傾け、粘り強く、やり遂げます。たとえば……

「石の上にも三年」の3倍どころか、30倍以上の覚悟を相手に伝える言葉です。「石の上にも三年」は、冷たい石でも3年間座りつづければ温まることから転じて、最初は辛《つら》くとも、3年も辛抱すれば報われることを意味する言葉です。

それに対して「面壁九年」は、一つの目的に対して、犠牲をいとわず、自分のすべてをかけて取り組む姿勢を表しています。

「一意専心」と使い方が似ているようですが、「面壁九年」の方は、「自分が果たすべき役割に派手さはないけれども、重要な支えとなる役割を辛抱強く確実にやり遂げます」という覚悟を伝えます。普段目立たない役割を担っている人がこの言葉を使うと、聞いた方は、ゾクッとするような迫力を感じるはずです。

この面壁九年を実際に行ったのは、禅宗の祖師である達磨大師。「だるまさんが転んだ」で有名な、あのだるまさんです。一説では、選挙などで目を入れるだるま人形に手足がないのは、面壁九年で手足が壊死《えし》したからだといわれています。

達磨大師にとっては、「悟りを開く」という目的達成のためには、手足を失うことさえ、いとわなかったのかもしれません。まさに凄《すさ》まじい覚悟です。

人が評価されるのは、「何ができるか」ではなく、「何をしてきたか」によってです。

「私はこんなことができます」というアピールではなく、「私はこのようなことをしてきました」という実績がものをいいます。

すぐに結果を求められる時代、目先の利益を追求して右往左往する人が多い環境だからこそ、時間をかけて積み上げてきた分厚い実績が高く評価されるようになります。まさに「面壁九年」を実践する人こそが評価されるのです。

「面壁九年」とあわせて、実践していただきたい言葉があります。

それは「量稽古」です。

「量稽古」とは、それをやることに意味があるかを考える前に、まずは徹底的に「量」をこなしてみることの大切さを教える言葉です。質より量と考え、とにかく実践する。不器用に量をこなしつづけるのです。

「量稽古」を行った者だけに見えてくる世界があります。「量稽古」を実践した者だけに持てる言葉があります。そして、その人の言葉には重みが出てきます。「量稽古」をしていくとその人に凄《すご》みや存在感が出てきます。さらに「量稽古」を行った者同士の繋《つな》がりや絆《きずな》も生まれてきます。自分とは違う分野で「量稽古」を成し遂げた者だと一目で気づき、一瞬にして認め合うということが起こりはじめるのです。

面壁九年をいきなり達成することはできませんが、量稽古は、今日から始めることができます。目的を定め、量稽古し、やがては面壁九年で達成していく。

今日から、さっそく始めていきませんか。

こんな言葉でも言い換え可能！

細き流れも大河となる…小さな川が集まって大きな川になるように、努力を重ねれば大きな成果が得られること。

牛の歩みも千里…怠けずに努力を続ければ、必ず成果が得られるということ。

諦《あきら》めは心《こころ》の養生《ようじょう》

由来・意味

失敗や不運だったことをいつまでも悔やんだり、引きずったりするより、きっぱりと諦めた方が精神の健康には良いということ。「養生」とは、健康に注意して元気でいられるように努めること。日本のことわざ。

例文

諦めは心の養生。人生の目的を考えて、しなやかに目標を変更していきましょう。

挑戦していたことがうまくいかず、落ち込み、目標を見失っている人に使いたい言葉です。

また、「諦めることは悪いことだ」と、つい自分を責めてしまいがちな人にも使いたい言葉です。

ネット上の記事やビジネス書には、諦めないことの重要性を説いたものが溢れています。「成功への要諦を一つ挙げるとするならば、それは諦めないことである」。みなさんもどこかでこういった成功者の言葉を聞いたことがあるのではないでしょうか。

ところが「諦める」という言葉を、「やめてしまう」という定義から、「一旦立ち止まり、違う道を進む」と再定義してみるとどうでしょう。

こう考えるとこの世の中には、あらゆる成功者を含め、「諦めてこなかった人」は一人としていないのではないでしょうか。むしろ成功者とは、目指すべき山の頂を見つめ、その頂に向かって、「一旦立ち止まり、違う道を進む」ことを繰り返してきた人といえるのではないでしょうか。

「諦める」を辞書で引くと、「もう希望や見込みがないと思ってやめる。断念する」という意味以外に、仏教用語として「あきらかにして見る」「物事の因果の道理を明らかに見る」という意味があります。

まさに一旦立ち止まり、視野を広げ、あきらかにしてみる。その上で違う道を探すことなのです。

一旦立ち止まり、別の道を探すためには、視野を広げることが必要です。視野を広げ、違う道を探すときに役に立つのが、「目的」と「目標」の違いを知ることです。

この二つの言葉の違いについて考えてみたことはありますか？

「目的」とは、追い求めつづけるもの。たとえば、幸せな人生を生きる、人の役に立つ生き方をするなどが「目的」といえるでしょう。

その一方「目標」とは、達成されるべきもの、数値化されたり、期限がついていたりするものです。また、「目的」に向かうためのマイルストーン、道標《みちしるべ》のような役割も果たします。進学したい有名校、就きたい職種や入りたい会社を「目標」にされる方もいらっしゃるかもしれません。

ポイントは、目的と目標を間違えないこと。

本来、通過地点の一つに過ぎない、目標であるべき進学や就職などを目的だと思い込んでしまって、辿《たど》り着けなかったときに、すべてを失ってしまったように考えていないでしょうか。

人生の目的達成のためには、目標はしなやかに変えていいのです。

「諦めは心の養生」、この言葉は「最高の人生」を目的とする旅に、必須の心の栄養剤ですね。

こんな言葉でも言い換え可能！

見切り千両…早いうちに決断することで、大きな損害を防ぐことができる。心理的にもその方がいいことの意。

和《わ》して同《どう》ぜず

由来・意味

君子は誰とでも協調するものだが、道理や自分の信念を曲げてまで人に合わせることはしないという意味。周囲と調和しながら、自分の信念や意見を持ち主体的に生きていくことの大切さを教えた言葉。孔子の『論語』子路より。

例文

和して同ぜず、自分の信念をしっかりと持ちながら、周りへの配慮も忘れない。これがリーダーの器量です。

自分に信念はあるか。信念に従って生きているだろうか。
あるいは、信念を振りかざし、柔軟性なく、周りに対して配慮が足りていないことがないだろうか。自身の生き方を見直すためにも、自分自身に問いかけたい言葉です。

このシンプルにも思える言葉「和して同ぜず」を、実現しながら生きていくことは、とても難しいことなのです。

後半の「同ぜず」の部分に関して、まず自分自身が確固たる信念や信条を持っていることが必要です。そして信念や信条があり、「同ぜず」でいると、異なる意見を持つ人たちとの間に、軋轢《あつれき》や摩擦が生まれていきます。

そんな中で、いかに「和して」いくのか、周囲との調和をつくり上げていくのか。まさにリーダーとしての器量、才能と徳が問われる瞬間です。

これからのリーダーに必要な能力に「共感する力」があります。
これは「和して」いくことを実現するためにも役立つものです。

人は悲しいことや辛いことが起こったときに、悲しみや辛さを感じるのではないのです。「悲しみや辛さに共感してくれる人が自分には一人もいない」と感じるときに、本当の悲しみや辛さを感じてしまうものです。

もし、誰かから悩みの相談を受けたとして、その人の悩みや問題をすべて取り除くことができなかったとしても、その人の苦しい気持ちに対して、共感を伝えることならばできます。その人の苦しみや辛さとまったく同じ気持ちになることができなかったとしても、相手の立場に立って気持ちを理解しようとする「共感的理解」を伝えることはできるはずです。

共感の言葉を届けてあげるだけで、その人の悲しみや苦しみが和らぐのです。

共感が、問題を解決してあげる以上に相手の心を救うこともあるかもしれません。

そして、ここで留意しておくべきことがあります。**それは「共感に留めること」です。**

共感に留め、マイナスの同調まではしないのです。

たとえば「○○さんに、こんなひどいことを言われました」という相談に対して、「それは、辛かったね」と応じるのが共感です。

一方、「それは、辛かったね」に加えて、「それは○○さん、ひどいわ！」と火に油を注いでしまうこと。これこそがマイナスの同調です。

共感に留めておけば、やがて鎮火するマイナスの感情も、マイナスの同調が入ると山火事のようにマイナスの炎が大きくなってしまいます。

世の中には、共感を求める人がたくさんいます。

そして、共感する力を意識して活用している人は、ほんのわずかです。

「和して同ぜず」。芯のある生き方の実現のため、また多くの人を導く生き方のため、まずは「共感する力」を意識して磨いていきませんか。

こんな言葉でも言い換え可能！

志は高く、腰は低く…高い志を持ちながら、周りの人に謙虚に接する様子。

4章

覚悟が伝わる言葉

言うだけで勇気が湧いてくる
言い回し

言葉は誰のために使うものでしょうか。

他人のことを考えていると、

ついつい忘れてしまいがちですが、

自分自身の耳や心にこそ言葉は届いているのです。

そんな自分自身に対して、

噛《か》みしめるように使いたい言葉に

この章で触れてください。

山中《さんちゅう》の賊《ぞく》を破《やぶ》るは易《やす》く
心中《しんちゅう》の賊《ぞく》を破《やぶ》るは難《かた》し

由来・意味

山中に立てこもっている賊を討伐することは簡単だが、心の中の邪念に勝つことは難しい。自分の心を律することは困難であるというたとえ。陽明学の創始者・王陽明の『与楊仕徳薛尚誠書』から。

例文

山中の賊を破るは易く、心中の賊を破るは難しと自省する人は、やがて無敵の存在となります。

自分自身に対して、嚙みしめるように使いたい言葉です。

今のご自身の置かれた環境と心の状態に意識を向けてみると、どうでしょうか。

「今の自分にとっての『心中の賊』とはどういうものだろうか」「その賊を破るとはどういうことだろうか」と自問自答してみるのです。

自分のことに置き換えず言葉を鵜呑《うの》みにすると、頭の中に知識として入っていきますが、消化されずに通り過ぎてしまって、栄養にはなりません。面倒で、ときには辛《つら》いことかもしれませんが、その言葉を自分のことに置き換えて、しっかりと嚙みしめ、咀嚼《そしゃく》するのです。

特に、この章においては、自分自身に言い聞かせたい言葉が多くあります。歯応えのある、栄養価の高い言葉がたくさん並んでいます。

一つひとつの言葉に対して、意味を確認して読み飛ばしていくのではなく、今の自分の状況や心境に照らし合わせてみて、それぞれの言葉と向かい合ってください。

一つひとつの言葉との出会いが、偶然でなく必然であり、必要なタイミングでの誰かからの最高のプレゼントだと考えましょう。

今のあなたにとって「心中の賊」とは、具体的にどのようなものでしょうか。「何かに対する怒りの感情」「何ともいえない不安感」「先延ばしにしてしまう気持ち」など、自分の心の中を覗《のぞ》いてみると、賊だらけなことに驚いてしまうこともあるでしょう。

どうやって退治すればいいのかわからず、途方に暮れてしまうかもしれません。しかし、そこからがスタート、トレーニングの始まりなのです。現状を知ること、ここが心の成長への入り口、スタートラインです。

言葉を咀嚼していく人は、その言葉から多くの心の栄養を摂《と》り入れることができます。さらに、言葉を噛みしめ、自分の心と向き合うトレーニングは、心をマッチョに、しかも、しなやかなものにしてくれます。

言葉を使って自分と向き合い、心を育てるトレーニングを意識していきませんか。

咀嚼された言葉は、同じ言葉でも伝わり方の重みも変わっていきます。
言葉に重みがある人は、このトレーニングを重ねてきた人なのです。
「聞いたことがある」「知っている」状態から、一歩も二歩も踏み込み、言葉を咀嚼して自分に置き換える習慣を身につける挑戦をこの言葉から始めていきましょう。

こんな言葉でも言い換え可能！

人に勝たんと欲する者は必ず先《ま》ず自ら勝つ…人に勝とうと思うならば、まず自分の欲に勝たねばならないの意。

臥薪嘗胆《がしんしょうたん》

由来・意味

目的を達成するために、苦労と努力を重ねること。父の仇《かたき》討《う》ちを願う息子が、その意志が弱まらぬよう、薪の上で痛みを感じながら眠り、苦い肝をなめながら機会を窺《うかが》い、ついには本懐を遂げたという中国の故事より。歴史書『十八史略』から。

例文

成長痛を重ねる、臥薪嘗胆の覚悟で取り組みます。

どれほど強い覚悟で取り掛かっても、気がつけば当初の熱意を失ってしまっている。このような残念な結果になることを防いでくれる言葉が「臥薪嘗胆」です。

今では、「一生懸命に頑張ります！」というニュアンスで使われることの多い「臥薪嘗胆」ですが、元々は仇討ちや復讐《ふくしゅう》を成功させるために辛苦に耐えるという意味を持っていました。

復讐というマイナスのエネルギーを強く持ちつづけることは、現代においては健全なこととはいえないかもしれません。

しかし、強大なエネルギーの復讐心ですら、やがて弱まってしまうことを恐れ臥薪嘗胆した先達の知恵は、受け継ぎたいものです。

高い目標や難しい課題に取り組んでいるからこそ感じる苦労、悔しさ、絶望があります。これらの痛みを感じたときに、「自分はきちんと目指すところにまっすぐに向かっているのだ」と確認できるのです。

目標に向かって、全力疾走し、壁にぶつかりはね飛ばされて、痛みを感じる。この成長痛ともいうべき、痛みや苦しみを感じるほどの挑戦を重ねることが「臥薪嘗胆する」ということではないでしょうか。

また、現代における臥薪嘗胆とは、「ポジティブな夢や目標を設定して、それに向かって忘れないための工夫をしていく」と捉えてもいいかもしれません。

いかに成長のためとはいえ、辛い、痛い、苦しいばかりでは、頭では理解できても、脳や本能が拒否をしてしまって、結局続かなくなってしまいます。

アメリカ・カリフォルニア大学の脳科学の研究でも、「イヤイヤやる練習」と「楽しみながらの練習」では、楽しみながらの練習の方が上達が早かったとの結果が出ています。

目標に向かって、挑戦を重ね、痛みや違和感を成長痛と考える。そして、痛みや苦しみばかりではなく、楽しみも取り入れながら継続していく。

じつは、本書の執筆にこうした「工夫」を取り入れました。一冊の本は数万字で構成されていて、書き上げるのは考えるだけでも大変なことです。

そこで、小分けにして着手しました。まずは、紹介したい言葉のピックアップ作業。

大量の言葉をノミネートして、選び出しました。選んだ言葉を章ごとに分類したら、一つずつのテーマと文字数を決め、執筆開始です。

さらに紹介する53の言葉をリストにして机の横に置いておき、原稿を書き終わるたびに太い線でリストから消していきました。この小さな作業が気持ちいいのです。また、自分自身を「ほめる」「ねぎらってあげる」ことも大切です。「今日は時間がない中で、一つだけでも書けた、素晴らしい！」と。

あなたにも「やりたいことがあるけれども、漠然と大変さをイメージしてしまって着手できていないこと」はないでしょうか。

楽しみながらの臥薪嘗胆。時代に裏打ちされた言葉と最新の脳科学をハイブリッドで取り入れる（いいとこどり）。これこそが現代人の知恵ではないでしょうか。

こんな言葉でも言い換え可能！

堅忍不抜《けんにんふばつ》…意志が固く、心がぐらつかないこと。

泣《な》いて馬謖《ばしょく》を斬《き》る

由来・意味

規律を保つためには、たとえ重用し、愛する者であったとしても、違反者を厳しく処分することのたとえ。『三国志』より。諸葛亮孔明が、その腹心の部下であった馬謖が命に従わず、魏に大敗した際、他の兵に詫《わ》びて馬謖を処刑し、そのために涙したとの故事から。

例文

理念こそが未来をつくると腹を決め、泣いて馬謖を斬る。

数字か理念か、判断に迷ったときに、覚悟を決めるために使いたい言葉です。

結果を残すこと、数字をつくることは非常に大切です。業績が悪い状態が続けば、企業や組織の存続すら危うくなってしまいます。圧倒的な数字をつくることができる営業成績の良いスタッフは、ありがたい存在です。

ところが、その数字がルール違反すれすれや会社の方針に背いた形でつくられたものだったら、どうでしょうか。

「お客様にとっての利益を最優先に考える」という経営理念に対して、この理念に反して本当は必要ないものまで、半ば騙《だま》すように付与して高い価格で販売していたとしたらどうでしょう。すぐには問題にならなかったとしても、やがては評判となり、会社全体としての信頼も失ってしまう。

そして、注意をしても過去に積み上げてきた数字や実績があるため、その注意を重く受け止めない、やり方を改めない。

そんなときに、組織のトップとして数字と理念のどちらを選ぶのかが問われます。

今この瞬間の業績を取るのか、目指すべき未来に向かう理念を大切にするのか。

それを決め、組織に伝えるのがトップの覚悟と行動です。

- 理念に共感していなくて、売上もつくれない人物
- 理念に共感しているが、売上をつくれない人物
- 理念に共感していないが、売上をつくれる人物

理念を実現する組織をつくるために、真っ先に猛省を促し、それが叶《かな》わないならば組織から排除すべき人物は、この3名のうち誰でしょうか。

それは、「理念に共感していないが、売上をつくれる」人物です。

普通に考えると理念に共感していなくて、売上もつくれない人物が一番ダメなように思えるのですが、この人物は周りへの影響力が小さい分だけ罪が軽いのです。

それに対して、売上をつくれる人物の理念への背信は、影響力があるだけに罪が重いのです。影響力のある人物が理念を軽視するような言動を続けることで、理念は形骸化していきます。

理念を貫く経営をするためには、ときに一時的な数字を捨て、泣いて馬謖を斬り、理念を守る覚悟を示す必要があります。

とはいえ、泣いて馬謖を斬ることは、とても辛い状況です。できればない方がいい。ではどのようにすればいいのか。

それには、理念への軽視を見過ごさず、早い段階で「一罰百戒」と組織に知らしめていくことが大切です。 ルールは、ルールが存在すること自体が負担なのではなく、ルールが明確に適用されないことがストレスとなるのです。

泣いて馬謖を斬ることがないように、普段から覚悟を磨き、伝えていきたいですね。

こんな言葉でも言い換え可能！

一罰百戒…軽微な一つの過失を諌《いさ》めることで、他の人々が同じような過失を犯さないための戒めとすること。

断腸の思い…はらわたがちぎれるほど、とても悲しいこと。

乾坤一擲《けんこんいってき》

由来・意味

天下をかけて、一度だけサイコロを投げる意から、運を天に任せて、自分たちの命運をかけるような大仕事、大勝負をすること。「乾」は天、「坤」は地の意味。「一擲」はサイコロを一度だけ投げること。中国唐代の詩人・韓愈《かんゆ》の項羽と劉邦《りゅうほう》の戦いを詠んだ詩「鴻《こう》溝《こう》を過ぐ」から。

例文

乾坤一擲、これまでのみんなの努力を信じて、このプランでいきましょう！

やれることはすべてやった。最後の最後に、いくつかの選択肢がある。どれが正解かは誰にもわからない。あとは運を天に任せるしかない。

そんなここ一番のとき、「一か八か」「伸《の》るか反るか」の代わりに使いたい言葉です。

「一か八か」だと、少し運任せの感が強くなります。また、失敗する可能性も高いイメージが湧きがちです。

「伸るか反るか」は勢いを感じられますが、うまくいかなかったときに、何も残らないような、危うい印象です。

それに対して「乾坤一擲」は、確かに運に任せるのですが、「成功させるのだ」という意思の伝わり方が違います。最後の最後の場面、サイコロを振るその手の指先にまで、「成功させるのだ」という意思のこもったワンシーンを切り取った言葉が「乾坤一擲」なのです。

「人事を尽くして天命を待つ」という言葉があります。「人間の能力でできる限りのことをしたら、後は焦らずに、その結果は天の意思に任せる」という意味です。

私は、この言葉を少しアレンジして使っています。

「天命を信じて、人事を尽くしつづける」

今この瞬間を「人事は尽くした」と過去形で捉えるのではなく、結果が出るまで現在進行形で、今自分にできることを思いめぐらして、挑戦しつづける考えです。

ただし、やはり自分の力だけではどうにもならない、運を天に任せる瞬間もやってきます。そんなとき、結果がどうあれ準備だけはしっかりとしてきた、後悔はないという境地に達するまで、人事を尽くすことが大切なのではないでしょうか。


組織全体の中で、「乾坤一擲」という場面は、それほど多くはないかもしれません。

しかし、個人の場面で考えてみるとどうでしょうか。

お客様への提案や、社内の企画のプレゼンテーション、大切な人を初めて食事に誘うときなど、個人的な小さい「ここ一番」は結構見つかるのではないでしょうか。

そんなときに、「一か八か」で提案するのか、「乾坤一擲」の思いで伝えるのかでは、成功率がかなり変わってくるのです。

最後に使い方の注意点とアドバイスです。

「乾坤一擲」は素晴らしい言葉なのですが、この言葉の意味を知らない人に単体で使うと、意図が伝わらない場合もあります。

少し不安がある場合は、「乾坤一擲、賽《さい》は投げられた！」と二つの言葉を組み合わせて使うといいでしょう。聞く人に正しい理解と強い印象を与えることができます。

「賽は投げられた」という言葉は、古代ローマ時代、カエサル（シーザー）がルビコン川を渡る際に使った言葉で、「もう後戻りはできない」という覚悟を伝える意味もあります。

こんな言葉でも言い換え可能！

伸るか反るか…運を天に任せて、思い切りやってみること。

大河のように深く悠然とした生き方を
指針とする言葉

深《ふか》い川《かわ》は静《しず》かに流《なが》れる

由来・意味

真に実力のある人や思慮深い人ほど、静かで穏やかにしている。充実した生き方をしている人は、声高に主張したり騒ぎ立てたりせず物静かであることをいう。日本のことわざ。

例文

周りに恩恵を与えながら、それを主張せず、黙って貢献しつづける。まさに深い川は静かに流れる、ですね。

自分自身の生き方の指針として使いたい言葉の一つ。そして、目立たないのだけれど、周りに貢献している「縁の下の力持ち」といわれる人にも使いたい言葉です。

この言葉の表面上の意味は、深く大きな川ほど、浅い川や上流の川のように水音を立てずに、静かにゆったりと流れるというものです。さらに深く見てみると、川はその流域にさまざまな恩恵を与えています。川のような人とはどういう人なのかその価値、貢献までを伝えている言葉なのです。

かつての古代文明のそばには必ず大きな川がありました。「大河は文明の母」という言葉もあります。

日本においても、川の水が飲み水をはじめとする生活用水になり、川に棲《す》む魚は食料となりました。川があることで農耕が可能となり、その流域が発展していきました。また、船を用いて、川を移動手段に使ったり、米や材木を運んだりすることに使ってきました。

このように川は静かに、そして確実に私たちに恩恵を与えてくれているのです。

当たり前のように、多くの貢献をしながら、それを主張しない。
静かな川、深い川ほど、多くの水を止まることなく流しつづける。
そんな人になりたいと思うのは、私だけでしょうか。

たとえ自らはそのようにはなれなくても、深い川のような人物を見つけたら、ぜひ、この言葉を贈りたいですよね。

ちなみに「縁の下の力持ち」は、現代では「人目につかないところで、他人を支えるための苦労や努力をすること」というプラスの意味になっていますが、元々は、「人のために骨を折るばかりで報われない残念さや無駄なこと」というマイナスの側面を表現する言葉だったのです。現代では、もちろんプラスの意味なので、使ってもまったく問題ありませんが、「深い川は静かに流れる」を用いて表現することにも挑戦してみてください。あなたという川が、また少し深くなります。

私自身が「深い川になりたい」と思うとき、想起される言葉があります。
それは、「いまだ木鶏《もっけい》たり得ず」の「木鶏」です。

「木鶏」とは、まるで木製の鶏のように周りの様子や環境にまったく動じない、闘鶏における最強の状態を表す言葉です。この「木鶏」は悟りを開いた素晴らしい状態なのですが、孤立、孤高のイメージがあります。

リーダーとして、木鶏を目指すのもいいでしょう。ただ、周りに恩恵を与え、静かに流れつづける「深い川」も、仲間とともに生きる生き方として、また魅力的だといえるのではないでしょうか。

こんな言葉でも言い換え可能！

和光同塵《わこうどうじん》…賢い人が賢さを隠し、世間に交じって目立たないように暮らすこと。

能ある鷹《たか》は爪を隠す…実力のある者ほど、それを表面に示さないたとえ。

より良い結果を生むために
心がけたい言葉

巧遅拙速《こうちせつそく》

試作品ができました
これはただの下準備だよ君

由来・意味

期限を過ぎた100点の出来よりも、80点でも期限内に提出することの方が良いとの意。中国南宋の謝枋得《しゃぼうとく》が編纂《へんさん》した『文章軌範』の「有字集小序」より。膨大な解答をしないといけない、科挙合格のためには「巧遅は拙速にしかず」と記されている。

例文

巧遅は拙速にしかず。スピード重視、さらにはトライアル・アンド・ファインドで仕事を進めていきますね。

期限があるものに対して、その期限を過ぎてしまいそうなときに、自分自身に対して使いたい言葉です。「締め切りを守ることがまずは大切」と考え、スピード重視で進めていく。決して「やっつけ仕事」をするのではなく、100点を目指しながら、期限優先を意識する。すると、その先に「巧速」を実現することができる成長が待っています。

巧遅を続けていると、「遅い」よりも「巧み」の方が大切と考えてしまうため、スピードアップという意識がなかなか働かず「遅い」が改善されていきません。拙速は時短となり物事に取り組む機会、チャンスが増えていきます。

挑戦する機会がたくさんできる拙速を続けていくと、やがて「拙さ」が「巧み」に変化し、「巧みで速い＝巧速」に成長できるのです。

さらに拙速には、別のメリットもあります。早く提出することによって、より早くフィードバックやアドバイスをもらうことができるのです。

自分が良いと思っていたことが、相手の求めているものと違っていることはよくあることです。拙速ならば、そのことに早く気づくことができるのです。

もう一歩踏み込んで別の角度から考えてみましょう。

「トライアル・アンド・エラー（trial and error）」という言葉があります。日本語では試行錯誤ですね。思いつく方法を試みて失敗を重ねていくうちに解決に至るという意味です。私は、この言葉を次のようにアレンジして使っています。

「トライアル・アンド・ファインド（trial and find）」

ファインドは、発見や気づきという意味です。挑戦して、気づいていく。挑戦してうまくいかないとき、それを失敗と捉えて「傷」にしてしまうのか、「気づき」にしていくのかでは、大きな違いが生まれます。

失敗を重ね、傷だらけの人生になるのか、気づきがいっぱいの挑戦を続ける人生を生きるのかでは、まったく違います。

拙速を恐れず早く提出する。そして、早く気づき、修正していくことを心がけていきたいですね。

もちろん、良いものをつくるためには、時間が必要な場合もあります。

巧遅拙速を心がけていても、どうしても期日に遅れてしまうときもあるでしょう。そんなときに大切なのは、期日を約束している相手に対して、まずは言い訳せずにお詫びをすること。

その上で、現在の進行・進捗状況を伝え、いつまでに完了するのか、新しい期日を明確にして、相手の都合を聞くようにしましょう。

相手が一番困るのは、予定の目処《めど》が立たないことです。予定を変更しても大丈夫なものならば、新しい予定で前に進めることができ、段取りを組めるのです。

この場合も、巧遅拙速、期限に間に合わないとわかった時点で、早く相手にお伝えする方がいいですね。

こんな言葉でも言い換え可能！

早いのが一の芸…手早く行うのも芸のうち。仕事は手早さが大事で技巧は二の次ということ。

陰徳《いんとく》あれば陽報《ようほう》あり

由来・意味

ひそかに良い行いを重ねれば、いずれ必ず良い報いがあるという意味。中国前漢時代の哲学書『淮南子』人間訓より。

例文

陰徳あれば陽報あり。土の中に蒔かれた種、見えない陰徳が、とっても素敵な結果、陽報として花咲きましたね。

座右の銘としておすすめの言葉の一つです。

この言葉は「因果応報」の良い部分だけを切り取った表現です。

因果応報とは「ことの良し悪しに関係なく、過去に蒔いてきた種のすべてが結果となって返ってくる」という意味の言葉。決してネガティブな意味合いだけではない、物事の真理を伝える言葉です。

ところが実際には、マイナスのイメージで使われることが多いのではないでしょうか。良い意味だけの言葉には、「善因善果」があるのですが、「陰徳あれば陽報あり」の方が、「陰徳を積む」という行動レベルでイメージしやすくおすすめです。

では、実際に陰徳を積むためには、どのようなことをすればいいのでしょうか。

投打の二刀流でメジャーリーグで活躍中の大谷翔平選手が、高校時代に恩師から教わった言葉が「ゴミを拾うことで運を拾う」でした。以来、彼はゴミを拾うことを習慣化します。メジャーリーグに行ってからも、フィールドでも、バッターボックスの中でも小さなゴミを拾っています。その姿を目撃したファンや記者たちは、大谷翔平選手の人間性に、さらに魅了されていきました。

私がぜひおすすめしたいのは、周りの人に素敵な言葉のプレゼントをする習慣を身につけることです。

相手を讃《たた》える言葉、勇気づける言葉、共感する言葉、ねぎらう言葉、そして感謝を伝える言葉。そんな素敵な言葉たちを、種を蒔くようにどんどん周りの人にプレゼントしていくのです。

特に感謝を伝える言葉として「事実＋ありがとう」は、とてもおすすめの表現です。

たとえば、「いつも的確なアドバイスをありがとう」「会議でフォローしてくれてありがとう」などと伝えます。人は、自分が誰かの役に立っていることを実感したい、感謝されたいものなのです。

「事実＋ありがとう」、この事実は、小さな事実の方がいいと思ってください。

相手の行動という小さな事実が、誰かの役に立っているのだと伝える「事実＋ありがとう」は、最高のプレゼントになります。

このように素敵な言葉のプレゼントという種を蒔きつづけることによって、時間を味方につける生き方ができるようになります。

「蒔」という漢字は、草冠に時間の「時」と書きます。

蒔かれた種が芽吹くのには時間がかかります。そのことを知っておかないと、種を蒔いてすぐに結果を求めてしまう。すぐに結果が出ないと退屈して、掘り起こしてみたり、水をやりすぎたりしてしまう。**ポイントは蒔いたことを忘れるぐらいに、どんどん次の種を蒔きつづけることです。**

時間が経《た》てば経つほど、自分の周りに種の芽吹きが増えてきます。やがては花が咲き、果実となり目の前に現れるのです。

陰徳を積むという種を蒔く生き方、時間を味方につける生き方、時間とともに感動と出会える生き方。さっそく実践してみてはいかがでしょうか。

こんな言葉でも言い換え可能！

善因善果…良いことをすれば、良い報いがあるということ。

積善《せきぜん》の家には必ず余慶《よけい》あり…善い行いを重ねた家は、恩恵として子孫にまで幸運がもたらされるということ。

ないがしろにしがちな
「優先順位」を意識する言葉

怠《なま》け者《もの》の節句《せつく》働《ばたら》き

由来・意味

普段は怠けている者が、人々が休みのときに限って働いている姿を見せ、いかにも自分は働き者であるかのように周囲に思わせようとする様子。日本のことわざ。

例文

「怠け者の節句働き」と思われぬよう、遊びの約束こそ、破らない、遅参しない。（自らへの戒めの言葉として）

人となりは、その人なりの優先順位が見えたときにはっきりと表れます。

あるいは一般的に優先順位が低いと思われているものをどのように扱うかで、その人の器の大きさが判断されます。**些細《ささい》なことを大切にすることの重要性を教えてくれるのが、この言葉「怠け者の節句働き」です。**

芸人さんたちの不文律に、「遊びの約束には絶対に遅刻してはいけない」というものがあります。舞台や撮影の現場に遅れないのは当たり前のことです。仕事ではない先輩や仲間との飲み会や遊びの約束こそ、厳守しなければならないというのです。

約束を守るのは当たり前のこと、社会人としての基礎中の基礎ともいうべきもの。ところが過去を振り返ってみて、約束を反故《ほご》にしてしまっていることが一度もないかというと、どうでしょうか。

食事に行く約束をしていたのに、急に大きな商談が入ってしまって日程を変更してもらう。こんなことは、日常的に起きていることではないでしょうか。

多くの場合は、何の問題もなく日程の変更で済む話なのですが、よくよく考えてみると、大きな商談で約束の変更、これは自分なりの優先順位に基づいて、先に入れていた食事会の約束を破って、商談を取ったということなのです。

「仕事が入ってしまって……」という言い訳がありますが、仕事は勝手には入りません。「仕事を入れる」と判断したのは、自分なのです。仕事と食事会を天秤《てんびん》にかけ、優先順位をつけて判断した結果なのです。

もちろん、「大きな仕事を捨てて、先に約束した食事会や遊びに行きなさい」とお伝えしたいのではありません。

ときに、小さな約束を大切にしていくことが自分自身の人格形成に繋《つな》がるのだ、と自覚する。自分の優先順位を常に確認して、優先順位が低くなっているところにも意識を向けて、フォローしていく。

この商談と食事会の約束を例に取るならば、「大きな商談が入ったのだから、変更は当然」という態度で相手に接するのではなく、丁寧にお詫びを伝えるなどのフォローが大切です。

また、普段の仕事ぶりと実績で、重要な商談の日程の方を変更できて、先にした友人との約束を守れるような生き方を目指したいですね。

怠け者の節句働き。自分自身への戒めの言葉として、頭の片隅に置いておきたいものです。

こんな言葉でも言い換え可能！

怠け者の足から鳥が起《た》つ…普段怠けている者は、いざことが起こるとあわてふためいてやりはじめるという意味。

馬脚を露《あら》わす…隠していたものが現れること。

5章

知恵の言葉

教養と気づきに満ちた
言い回し

個人的な感情や立場に惑わされず、

俯瞰《ふかん》するような確かな思考を手に入れたい。

そんな生き方を選ぶためにも言葉が役に立ちます。

「今の自分の生き方を変えたい」

「より背筋を伸ばして生きたい」

少しでもそんな気持ちがあれば、この章から、

自分の力となる言葉を見つけてください。

是《ぜ》々《ぜ》非《ひ》々《ひ》

由来・意味

自分の立場や私情にとらわれず、良いことは良い、悪いことは悪いと判断する意味。「是」には道理にかなっている、正しいという意味があり、「非」はその逆で正しくないことを指す。中国の思想家、荀《じゅん》子《し》の言葉。

例文

ここは、それぞれの立場を勘定に入れず、是々非々で考えてみましょう。

自分なりの正しさの物差しを持ち、物事を測っていく。良いことは良い、悪いことは悪いと明確に断じていく強さを持ち、妥協や玉虫色の判断をしないようにする。

意外に思われるかもしれませんが、この言葉が教えているのは、こうした価値判断の重要性ではありません。

「是々非々」のもっとも重要なポイントは、「自分の立場や私情にとらわれず」という点です。

自分の中にある「正しさ」とは、本当に道理にかなった「是」であるだろうか。「自分の置かれた立場を守るための正しさ」「個人的な感情の上に立った正しさ」ではないだろうかと、自分を俯瞰してみることの大切さを教えている言葉なのです。

「正しさ」には、すごく大きな力があります。

物事を前に進める原動力にもなります。

しかし「正しさ」は、人に強大なパワーを与える一方で、それを振りかざす人の視野を狭めてしまうこともあるのです。この危うさに多くの人は気づいていません。

いや、正確には他人事《ひとごと》ならばわかるのですが、自分のことになると一瞬にして無自覚になってしまうのです。

人は、誰しも自分が可愛《かわい》く、本能的に自分の立場を守りたいものです。なかなか、自分のことを「勘定に入れず」考えることができないのです。

「正義の反対とは、悪ではなく『また別の正義』」という言葉があるように、正しさと正しさがぶつかり合うと、そこに争いが生まれます。根深い対立を引き起こします。

そこで「是々非々」です。

置かれた立場や個人的な感情を離れ、道理に照らして、あるいは相手の立場に立って「是」か「非」かを考える。

すると、個人的な「正しさ」という靄《もや》が晴れ、見えてくるもの、生まれてくるものがあるのです。

個人的な「正しさ」と「是」とのせめぎ合いは、おそらく一生終わらないでしょう。

しかし、「是」であるかとの自分への問いかけは、その人のスケール感を圧倒的に大きくします。

宮沢賢治の有名な詩、「雨ニモマケズ」は、彼の死後、トランクの中から発見された手帳に書きつけられていたものでした。

人に見せるためのものではなく、自分自身への励ましのメッセージだったのです。

その中の一行「ジブンヲカンジョウニ入レズニ」。個人的に大好きな言葉です。

そして、こう締め括《くく》られます。

「サウイフモノニ
ワタシハナリタイ」


こんな言葉でも言い換え可能！

公平無私…誰に対しても同じように接する、私心のないさま。
不偏不党…どの主義・政党にも加わらず、中立であること。

窮地に新たな気づきを
与えてくれる言葉

一《いち》葉《よう》落《お》ちて 天下《てんか》の秋《あき》を知《し》る

由来・意味

落葉の早い青桐《あおぎり》の葉が一枚落ちるのを見て、秋の訪れを察するように、わずかな前兆を見て、その後に起こるであろう大きな変化をいち早く予知すること。中国で前2世紀に成立した書『淮南子』説山訓より。

例文

一葉落ちて天下の秋を知る。小さな兆候に気づき、先手を打って大きな変化への準備をしましょう。

リーダーに、視座を高めることの大切さを教える言葉です。

日々の売上や予算の達成など、数字や期日に追われ、視野が狭くなっているときに、この言葉を口にしてみましょう。**視座が高まり、視野が広くなり、新たな視点が生まれ、これまで気づけなかったものに気づけるようになります。**

「視座」とは、物事をどの立場、どの役割から見るのかということです。

たとえば、江戸時代の呉服店の店先で「一葉落ちた」としましょう。お店の従業員である丁稚《でっち》たちは、その落ち葉を見て、「店先の掃除の仕事が増える」と思い、嘆きます。

それに対して、リーダーであるお店の主人は「一葉落ちて」、秋が来ることを知り、冬物の仕入れの算段に入ります。

丁稚の立場で見るのか、お店の主人の立場で見るのか。これが視座の違いです。

「一葉落ちて天下の秋を知る」に近い言葉に、「一を聞いて十を知る」があります。これは孔子の『論語』に出てくる言葉で、物事の一部を聞いただけで全部を理解できる、賢明で察しのいいことをいいます。

これも素晴らしい意味を持つ言葉なのですが、「一葉落ちて」に比べると、見えている全体像がひとまわり小さいイメージです。優秀な丁稚をほめるときに使う言葉のイメージでしょうか。視座を高める意識を持つならば、「一葉落ちて天下の秋を知る」気づきを意識していきたいものです。


視座が高まると、見える範囲が広がります。すなわち、視野が広がるのです。

また、長期的な視野で物事を考えられるようになります。

今ここ、この瞬間だけでなく、少し先まで見通せるようになるのです。


さらに視座を高めて物事を見ていくと、新たな切り口「視点」が生まれてきます。

先ほどの呉服店でいえば、時代が江戸から明治に変わり、洋装・ざんぎり頭がもてはやされる「一葉落ちる」が現れます。

その際に、「和装よりも洋装の方が動きやすい」という視点を持ち、当時の上流階級・富裕層に洋服を販売した商人たちは大成功を収めました。

リーダーは、不安材料を集めるパラボラアンテナを常備しているようなものです。常に危機感を持ち、不安材料を集めてしまいます。だからこそ、リーダーであるともいえます。

しかし、同時にリーダーの役割は、良き兆しを見つけ、メンバーに希望を配ることでもあります。

一葉落ちて、秋の到来を知り、冬の厳しさに備えることも大切ですが、同時に存在するチャンス、好機の切り口を探し、メンバーに示すことも重要です。

こんな言葉でも言い換え可能！

桐一葉…秋の始まりに桐の葉が一枚散ること。衰亡の兆しを感じることのたとえ。

一燈照隅《いつとうしようぐう》

パパもフォロワー3人だけど
リツイートしたよ
パパ、環境問題に
関する私のツイートが
2億リツイートされてるわ！

由来・意味

自分が今いるところで精一杯努力し、光り輝く活動をすること。伝教大師最澄の「一隅を照らす、これすなわち国の宝なり」から派生した言葉。「一燈照隅　万燈照国」と言葉は続き、一つひとつの明かりは小さなものでも、それらが集まれば世界が輝き出すとの意味になる。

例文

「微力だが無力ではない」と一燈照隅していくことで世界が変わっていく。まず変えるのは自分の世界から。

自分の力がちっぽけで、無力さを感じてしまいそうなときに、心を励ましてくれる言葉。誰かを勇気づけたいとき、また自分自身に対しても使いたい言葉です。

「世界平和のために自分ができることって、何かあるのだろうか」

あまりにも壮大すぎる質問ですね。この質問をご自身に投げかけてみたら、どんな答えが頭に浮かぶでしょうか。

一人の記者が1979年のノーベル平和賞授賞式で、この質問をある受賞者に投げかけました。受賞者は「世界平和のために私たちができることですって？　それは……」「Go home and love your family.（今すぐ家に帰って、家族を大切にしなさい）」と答えました。答えたのは、インドの貧しい人々のために生涯を捧《ささ》げたマザー・テレサでした。

今すぐ、世界中を平和にすることはできないかもしれない。しかし、目の前の人を笑顔にすることならばできる。世界中に愛を届けることは不可能かもしれませんが、目の前の人を大切にすることはできる。そして、何より自分自身を大切にすることは、今すぐできることなのではないでしょうか。

自分を大切にするとはどういうことか。

それは、自分が今置かれている場所で、自分にできることに意識を向けて取り組んでいくことです。小さなことかもしれませんが、ゼロではない。微力かもしれませんが、無力ではないのです。今ここ、この瞬間に意識を向けることが大切です。

世の中に「絶対」はあまりないものですが、あるとするならばそれは、自分の体がいずれ役目を終えて、この世から去ることです。人は、必ず死ぬのです。

ただ、絶対にやってくる死を恐れてばかりいても仕方がありません。

私たちが、本当に恐れるべきは、「今を生きている!」と言えないことではないでしょうか。

今を生きている、今この瞬間を生き切っている、自分を活かし切っているといえない状況が続くことこそを恐れるべきなのではないでしょうか。

仕事においては、自分が置かれた場所でできることに全力以上のプラスアルファを考えて実践しつづけていく。これが一燈照隅していくことではないでしょうか。

世の中の片隅でひっそりと輝く、その小さな明かりが誰かの心を照らす勇気となり、また明かりが広がっていく。

ロウソクの明かりは、分けても分けても、元の明かりは減らず、どんどん明るく広がっていきます。

まずは、自分ができることに全力を尽くすことから。やがて、自分が輝き出し、目の前に明かりが灯《とも》ります。すると、暗闇だった自分の目の前の景色が違って見えてくるのです。自分にとって一隅を照らすとは、どのようなことか、考えてみませんか。

こんな言葉でも言い換え可能！

ハチドリのひとしずく…小さくても今自分にできることをする大切さを教えるたとえ。

貧者の一灯…わずかでも、真心のこもったものの方がいいことのたとえ。

惻隠《そくいん》の情《じょう》

由来・意味

相手の心情を深く理解し、相手の立場に立って物事を感じ、思いやること。また、人として最高の徳である「仁（思いやり）」に繋《つな》がる感情のこと。「惻」は、いたみ悲しむこと。「隠」は、心配すること。「人は皆、善なる性を持ち合わせて生まれる」と性善説を唱えた孟子の言葉。

例文

厳しさの中に、そっと情を添える。惻隠の情があるから、人がついてくるのですね。

立場的に厳しさを求められる人が備えたい資質として、ぜひ知っておいていただきたい言葉です。

ここでいう「厳しさ」とは、怒鳴ったり、常に険しい表情でいたり、高圧的な態度で相手に接したりすることではありません。

決められたルールを厳格に適用していくこと、正しいことを正しいと伝えつづけていくことを、ここでは「厳しさ」と定義します。

リーダーとは、厳しさを求められる人です。決断し、物事を進めていくこと。断つこと、やらないことを決めること。これが決断です。他の選択肢を捨て、一つに絞って遂行していきます。

決断したことを実行するため、誰かに対して厳しさを示さないといけないこともあるでしょう。そんなとき、非難を恐れず、その決断をするのがリーダーの役割なのです。

4章で「泣いて馬謖《ばしょく》を斬る」をご紹介しました。馬謖を斬る決断をするのがリーダーなのです。

ここでのポイントは、リーダーは「笑って馬謖を斬ってはいけない」ということ。泣きながら正義を貫く。これが、リーダーが備えておくべき「惻隠の情」なのです。

厳しさを貫きながら、そっと情を添える。

情を持ちながら、厳しさを示していく。

「厳しさ」と「惻隠の情」は、二枚貝のように、二つで一つのものであると考えてください。どちらが欠けても成立しないのです。

厳しくしながらも、相手が「見守ってもらっている」と感じる伝え方があります。

それは、普段の相手の行動に対して「ねぎらいを示すこと」です。

ねぎらいとは役割や立場上、やって当たり前のことに気づき、言葉をかけていくこと。相手の立場に立った共感や感謝の気持ちを言葉で伝えることです。

やって当たり前だと考えて、ねぎらうことをせずに、いきなり注意や厳しい指導をすると、相手は「見張られている」と感じてしまいます。

厳しさに対して、「見張られている」と感じてしまうのと、「見守ってもらっている」と感じるのとでは大きな違いが生まれます。

「ねぎらい」は、皆が求めていながら、なかなか供給されていないものでもあります。「思いやり」という最高の徳である「仁」を身につけるためにも、「惻隠の情」を意識して、実践していきたいですね。

こんな言葉でも言い換え可能！

身につまされる…相手の不幸が自分の身に起きたように感じ、辛《つら》くなること。

旅は道連れ世は情け…世を渡るには、お互いに情けをかけることが大切であるとの教え。

人生を選択する上で大切なことに
気づかせてくれる言葉

孟母三遷《もうぼさんせん》の教《おし》え

第三条第一項又は
第二の項規定…
六法全書
絵本がいい…

由来・意味

人は環境に大きな影響を受けるため、環境が大切との教え。中国の思想家・孟子の母のエピソード。孟子の母は墓場のそばに住んでいたが、孟子が陰気な言葉を使い葬式の真似《まね》ばかりするので、市場近くに転居した。すると、孟子が商人の駆け引きを真似するので、学校のそばに引っ越した。すると礼儀作法を真似するようになったので、これぞ教育に最適な場所だとして定住したという。

例文

孟母三遷の教えとは、まず、使う言葉を変えるところからですね。

人によって、幸せや成功の定義はさまざまです。

陽だまりのぬくもりのような温かさの中で幸せを感じる人もいれば、ひりつくような競争の世界の中に生きがいや幸福感を見出《みいだ》す人もいるでしょう。

定義こそ人によって違いますが、**幸せになりたいなら、まず環境を選択して生きていくことが大切だと教えてくれるのが、この言葉、「孟母三遷の教え」です。**

具体的な使い方としては、教育に熱心な保護者の方に「孟母三遷の教えのように、お子さんの可能性を最大限に引き出す環境づくりをされていますよね」と伝えると、きっと喜ばれることでしょう。

一般的に「教育には環境が大切だ」とシンプルに理解されているこの言葉ですが、じつは、さらに深い「教え」が込められているのです。

その教えとは、環境を選択することで自分の人生を選択することができる、なりたい自分になることができる、ということです。

もしも、孟子の母が、「孟子を僧侶にしたい」と思っていたのならば、最初の家が最適な場所だったのです。そして、商売で成功して、大金持ちになってもらいたければ、二番目の家が最高の立地です。商売人として、人々と仲良く付き合う。算盤《そろばん》勘定を覚える。一般的に考えても悪いことではありません。

ところが、孟子の母は、孟子に礼儀作法を重んじる学者になってもらいたかった。そのために「三遷」、つまり3度住まいを変えました。

理想の自分になって、幸せに成功したいなら環境を選択して生きていく。

この「環境」とは、狭い意味での立地的環境だけではなく、「誰と一緒に生きていくか」という意味まで込められています。どのような人に囲まれて生きていくかで、人生が変わっていくのです。

生きたい人生を決めることは、一緒に生きる人を決めることなのです。

では、環境を選択するために、大切なことは何か。

それは、自分自身が使う言葉を、意識して選択することです。

具体的には、自分が「この人と一生一緒に生きていきたい」と思うような人が使う言葉を先取りして使っていくのです。

「最悪」「いつもそう」「私ばっかり貧乏くじ」。これらの言葉が好きな人は、このような言葉が好きな人を引き寄せます。

「最高ですね！」「ありがたい」「おかげさまで」「大丈夫！」「なんとかなる」。このような言葉を口癖にする人には、これらの言葉を体現する人たちが集まるのです。

人生を選択するために、まずは、口癖から意識して変えてみませんか。

こんな言葉でも言い換え可能！

水は方円の器に随《したが》う…水が器で形を変えるように、人も付き合う人や環境に影響を受けるという意味。

奇《き》貨《か》居《お》くべし

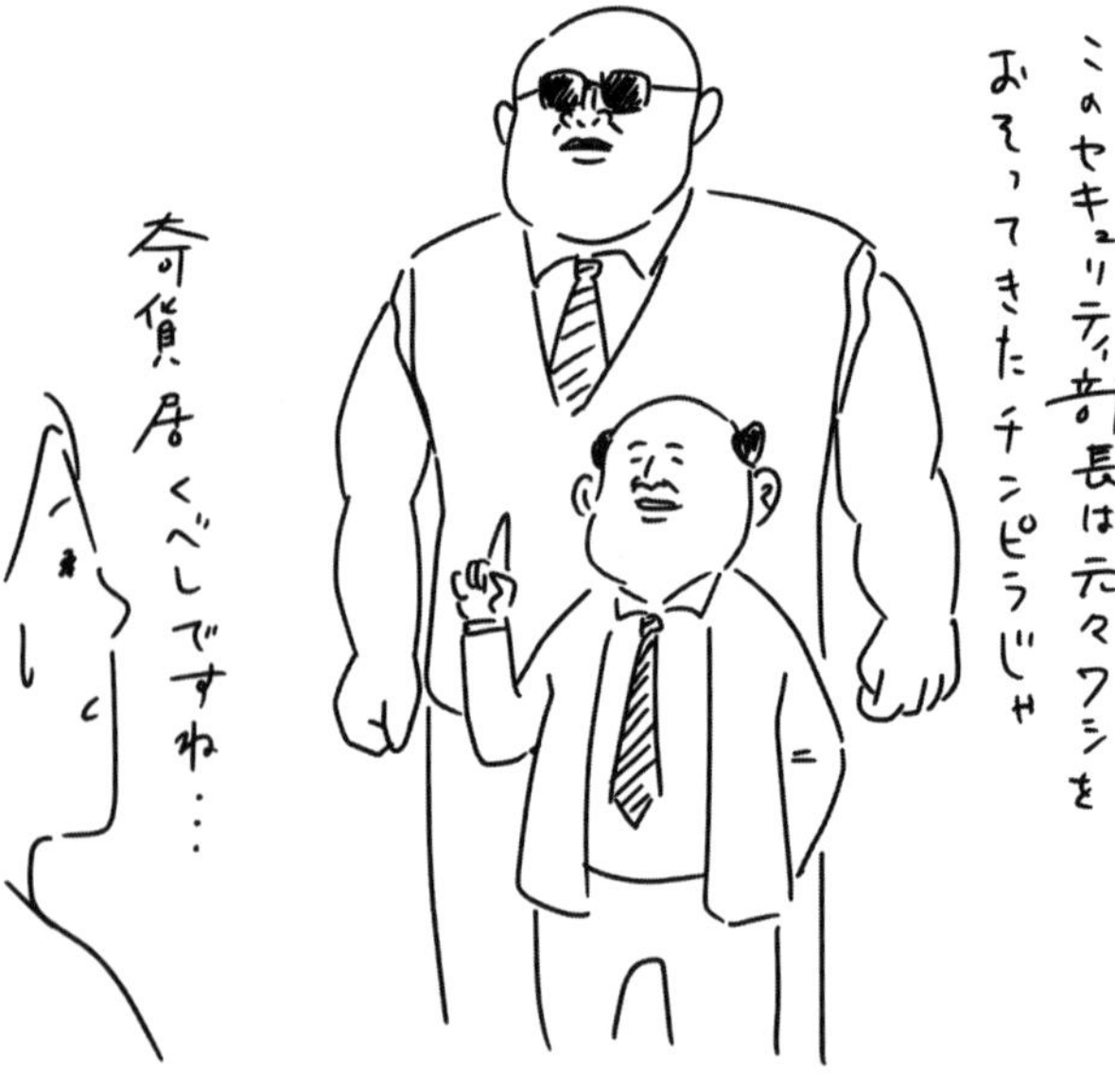
このセキュリティ部長は元々ワシを
おそってきたチンピラじゃ
奇貨居くべしですね…

由来・意味

価値がわかりづらいものでも、手元に置いて活用すれば、価値が上がるかもしれないから大事にすべしという教え。「奇貨」とは珍しい物、利益をもたらすかもしれないものの意。秦の商人・呂不韋《りよふい》が、人質になり冷遇されていた秦の王子を助けたところ、王子が王位に就き、呂不韋は重用された故事から。

例文

対面の営業では目立たなかった彼が、オンライン事業でこれほどの成果を上げるとは！　奇貨居くべしですね。

「俺についてこい！」と引っ張るトップダウン・マネジメントから、「このチームってすごいね！」と多様性を統合するチームビルディングへ移行していく際に、キーワードにしたい言葉です。

「奇貨」には、「珍しい物」という意味と、「今は価値がわかりにくい、使えないもの」という意味があります。

ただ、決してネガティブなものではなく、うまく活用し、時機を得れば大きな価値を生み出すものでもあるのです。

組織においても「奇貨」の活用が大きなテーマとなってくるのではないでしょうか。

令和の現在、Z世代といわれるこれまでとは違う価値観を持つ若者たちが組織にどんどん流入してきています。おおむね1996年以降生まれのこの世代は、物心ついたときからSNSで情報を収集し、保守的な金銭感覚を持ち、多様性を大切にし、自分らしさを重視する傾向にあります。組織にとって、彼らはまさに「奇貨」です。

その奇貨が、どんどん入ってきて、やがては奇貨で溢《あふ》れる状態になっていきます。

ですから、これからの時代は、「奇貨居くべし」より「奇貨活用すべし」なのです。

この奇貨を活用する方法ですが、一つは1章でもご紹介した「後生畏るべし」と彼らから学ぶ姿勢を持つこと。そして、自分の正しさや価値観を押しつけないことです。「奇貨」ですから、今は、額面通りには使えない通貨なのです。ただ、「来《きた》るべき未来に大きな価値に化ける」と信じて、ときに違和感とも思える感覚の違いを楽しむのです。

違いがあることを知り、違いを楽しむ。これが奇貨を育てるコツです。「間違い」ではなく「違い」と認識することで、自分の心が少し楽になります。違いこそ、価値です。違いには、自分にない発想、自分ではできないやり方が詰まっています。違いがあることを知り、違いを活用・統合し、力にできる人。これがこれからのリーダーです。

自分と考えや価値観が違う人に使える言葉があります。

意見やアイデアをもらったときに、「おもしろいね!」を口癖にするのです。「おもしろい」には、否定も肯定もありません。

まずは、「おもしろいね！」と受け止めて、必要な場合にはアドバイスをしたり、質問したりすればいいのです。

「それ、おもしろいね。後は、顧客の要望とのすり合わせだよね」

このように返されると、相手は不思議と認められた気になり、前向きな思考になるのです。

「奇貨」を活用することは、自分自身を成長させることにもなります。

ぜひ、楽しみながら「奇貨」を収集、活用していきましょう。

こんな言葉でも言い換え可能！
出藍《しゅつらん》の誉《ほま》れ…弟子が師より優れた者になることのたとえ。

一人では気づけない協力者からの
視点を得られる言葉

岡目八目《おかめはちもく》

私が係長と？
そんなワケないじゃない
嘘おっしゃい
色恋は仕事の大敵よ

由来・意味

当事者よりも、それを傍観している第三者の方が物事の真相や得失がよくわかり、的確に判断できるものだという意味のことわざ。語源は囲碁の世界。対局を傍《はた》から見ている人には8目先まで読めているという趣旨から。「岡目」は第三者の立場で見ることで、「岡」には、傍らという意味がある。

例文

岡目八目のアドバイスをしてくれる協力者の存在ほど、ありがたいものはないです。

自分の周りに存在する多くの知恵、衆智《しゅうち》を集めることができる言葉です。

同じような意味で使われる「灯台下暗し」は、「自分のことは自分が一番見えていない」という意味だけですが、「岡目八目」は「自分が必要とする情報や知識や知恵は、自分のそばにいる人が持っている」と教えてくれる言葉です。「成功への鍵は、自らの傍らにある」という、より踏み込んだ意味を含んでいます。

この言葉を自分の力にできるのか、そうでないかは、「岡目八目」をプラスのものとして考えられるかどうかにかかってきます。

「岡目八目ありがたい！」と思えるのか、それとも、「傍観していれば誰でも岡目八目だ。当事者でない外野は黙っていてくれ！ お節介はやめてくれ！」と考えるのかの違いです。

もちろん、実際の囲碁では、周りからの口出しはマナー違反です。碁盤の脚の部分は、八角形をしていて、これは「クチナシ」の実を象《かたど》っています。これは、まさに「口なし」に掛けられていて、傍観者の口出しを戒める意味があるとされています。

ただし、囲碁や将棋など相手との一対一の対戦や、ルールがあるものは別として、自分に成し遂げたいことがあるならば、周りの知恵を借りながら進めていく方が、圧倒的に実現に近づくのではないでしょうか。

私が何かに取り組み、成し遂げたいことがあるとき、自分がその取り組みに対して「本気かどうか」を確認するバロメーターが三つあります。

その一つ目が「協力者が現れるかどうか」です。

自分に成し遂げたいことがあり、協力者が現れないうちは、自分はまだ本気ではない。あるいは、自分の本気が周りに伝わっていないのだと考えるのです。

「西村さんは、『言葉が持つ力』を本気で伝えたいと考えていますよね。その思いを本にされませんか。協力させていただきます」。このような協力者が現れて、初めて自分の本気が確認できるのです。

ですから、岡目八目のアドバイスをしてくれる人が現れることほど、ありがたいことはないのです。

当事者では気づけないことに気づき、先を見通したアドバイスまでしてもらえる。協力者を集め、「岡目八目」の衆智を集め、成功へ近づく「本気の実現」をしていきませんか。

なかには、「自分一人だけの力で、物事を成し遂げることの方が格好良い。岡目八目を集めての成功って、何だか恥ずかしい気がする」という方もいらっしゃるかもしれません。大丈夫です。

次の言葉「運鈍根」の中でお伝えする、本気のバロメーターの二つ目で、大丈夫と言い切る理由をお伝えいたします。

こんな言葉でも言い換え可能！

他人の正目…当事者ではない他人の見方は、公平で正しいということ。

成功者が持っている
三つの資質を表す言葉

運鈍根《うんどんこん》

由来・意味

成功のための三つの要素をまとめた言葉。成功するためには、まず「運」が良いこと、「鈍く」見えるほど粘り強いこと、「根気」よく続けることが大切と教えている。出典は、近江商人や古河財閥の創設者・古河市兵衛など諸説ある。

例文

やはり最終的に成功するのは、運鈍根の生き方をしている人ですね。

座右の銘としている人も多いこの言葉。「不器用な生き方をしているな」と感じている人の心の支えとなる言葉です。私もこの言葉を30年以上前に知り、心の拠《よ》り所にしてきました。

最初にこの言葉に出会ったとき、「運」と「根」については、スッと理解できたのですが、「鈍」の意味がよくわかりませんでした。

「運が良いこと」。これは間違いなく成功の必須条件である。「根気があること」「根性があること」。これも成功の必須条件として納得できます。

ところが、その間に入っている「鈍」がわからなかったのです。

成功するために、「鋭」や「俊」ならわかりますが、よりによって「鈍」とはどういうことなんだろう。この疑問を持ちながら、世の成功者を見てみると、不思議なぐらいこの「運鈍根」が当てはまるのです。

「やってみなはれ」で有名なサントリー2代目社長の佐治敬三氏も「運鈍根」を合言葉に、ビール事業を発展させました。

「鈍く」見えるほど粘り強いこと。もっというと、「鈍臭い」ぐらいの方がいい。そのことにかけては馬鹿になれることが大切という教えは、聞く人に勇気を与えます。

鈍臭いのは嫌だ、恥ずかしい、格好良くスマートに成功したいという方もいるでしょう。ただ、もし成功したいと「本気」で考えているならば、自分の本気度を知る二つ目のバロメーターが参考になるでしょう。

自分の本気を確認する二つ目のバロメーターは、実現のための行動を「恥ずかしいと思わなくなっていること」です。

恥ずかしいとは、自分が周りからどのように見られているのかが気になるという状態です。自分が成し遂げたいことよりも、自分がどう見られるかの方が大事、という状態になっている。自分がどのように見られようが気にならない、成し遂げたいことにしか意識が向いていない。これが本気の状態であり、成功に向かっている状態なのです。

最後に「運が良い」に関してもお伝えしておきます。

「運が良い人」の共通点は、「自分は運が良いと強く信じ込んでいること」です。

そして、「自分は運が悪い」と思っている人を自分の周りから少しずつ排除していきます。静かに距離を置き、フェードアウトしていくのです。

ですから、「運の良い人」たちと仲良くなりたければ、絶対に「運が悪い」とは言わないことです。そして、「私は運が良い！」と言い切ってください。おすすめは、「私は運が良い！　なぜならば……」。この言い回しを普段からトレーニングすることです。「私は運が良い！　なぜならば……」と言ってしまうと、必ず「なぜならば」の後が出てきます。さっそく練習してみましょう。

「私は運が良い！　なぜならば、この本と出会ったから！」

こんな言葉でも言い換え可能！

三方よし…近江商人の精神。売り手よし、買い手よし、世間よし。この三つが大切との教え。

安《あん》に居《い》て危《き》を思《おも》う

由来・意味

平和な状況であっても、危機が訪れた場合を想定し備えておくことが大切との意味。中国の書物『春秋左氏伝』より。「安」が平和な状況を、「危」が不安定な状況を表す。

例文

安に居て危を思う方からのアドバイス、大変貴重でありがたいです。ありがとうございます！　さらに、どうすればいいでしょうか？

「備えあれば憂いなし」の代わりに使いたい言葉です。

また同様の意味を持つものに「治に居て乱を忘れず」という言葉がありますが、こちらは、平和時に戦争の準備を怠らないという意味で、どちらかというと戦いを想起させるイメージがあります。

「安に居て危を思う」ならば、相手のある戦いに限らず、災害や想定外の出来事など、日常が不安定になる、あらゆるマイナスの事態を仮定して使うことができます。

またこの言葉は、会議やミーティングなどで、ネガティブな意見を出す人を一瞬で自分の味方につけ、ポジティブな存在に変えてしまうきっかけにもなります。

危機管理は、誰もが大切と思いながら、実際にはどれだけの準備がされているでしょうか。「自分たちの組織は心配ない」「自分だけは大丈夫」と考えてしまっていることがないでしょうか。

会議やミーティングなどで、ネガティブな意見を言ってくれる人は、まさに「安に居て危を思う」人なのです。常に危機感を持ち、そのプランやプロジェクトのマイナス面を見つけて指摘してくれる、ありがたい存在なのです。

一番恐ろしい存在は、うわべだけ上の者や決まったことに従うふりをしているけれども、内心では反抗して従わない「面従腹背」する人です。

まずは、そのマイナスの意見に対して、感謝を伝え、そこからさらに提案を引き出せれば最高です。これまでネガティブな存在でしかなかった人が、欠かせない存在に変わっていきます。

そして、耳が痛い意見を受け止めやすくする処方箋があります。

それが「本気」のバロメーターの三つ目です。

自分の本気を知る三つ目のバロメーターは、「周りからのあらゆる意見が、アドバイスに聞こえているか？」です。

周りの意見が非難や中傷に聞こえる、攻撃されているように感じるなら、まだ自分は本気ではないと考えるのです。どんなネガティブな意見に対しても、「あぁ、そうか。その観点で考えてみると、改善の余地はありそうだ」「このような意見を持つ人に理解してもらうためには、どんな準備が必要なのだろうか。考えてみよう」。このようにすべての意見を、自分が成し遂げたいことを実現させるための糧にしていくのです。

ネガティブな意見が、アドバイスに聞こえたとき、それは、その意見を発した人が、自分の協力者になった合図かもしれませんね。恥ずかしさを捨て、さらなる協力をお願いしていきましょう。

最後に「本気」のバロメーターをまとめておきます。

本気のバロメーターまとめ

- 協力者が現れるかどうか
- 恥ずかしいと思わなくなっているか
- すべてがアドバイスに聞こえているか

こんな言葉でも言い換え可能！

治に居て乱を忘れず…平和な世においても万一のことを考えて備えを怠らないこと。

立ち直るための
勇気を与える言葉

過《あやま》ちて改《あらた》めざる
これを過《あやま》ちという

由来・意味

失敗は誰でも経験するものだが、本当の失敗とは、「失敗した後、そこから学ばず行動を変えないこと」だと教える言葉。孔子の『論語』衛霊公から。

例文

いい経験をしたね。過ちて改めざるこれを過ちという。ここからが大切だよ。

ミスをした人を勇気づけ、顔を上げさせるために使いたい言葉です。

同じく孔子の言葉に「間違ったらすぐに修正しなさい」という意味の「過ちては改むるに憚《はばか》ることなかれ」というものもあり、よく似ています。

ただ、「過ちて改めざるこれを過ちという」の方が「失敗しても大丈夫、その後の態度や行動が大切」という意味がより強く伝わります。ミスをした人のリカバリーへの勇気づけの言葉としては、こちらをおすすめいたします。

失敗やミスをした直後は、軽いパニック状態になってしまいます。海やプールで溺れかけているようなものです。溺れかけている人に、泳ぎ方を説明しても、相手はもちろん聞く耳を持てません。そんなときに使いたいのが「浮き輪言葉」です。**失敗をして、心理的に溺れかけている人に、浮き輪となる言葉を投げかけてあげることで、その人が救われるのです。**

普段から「浮き輪言葉」をいくつか用意しておいて、誰かの失敗に対して使っていきましょう。

また、それらの「浮き輪言葉」は、ときに自分自身を救ってくれる心の救命具とも

なります。

常に用意しておきたい「浮き輪言葉」として、失敗に対しての「良い経験をしたね」があります。「チャレンジをした証拠だね」「気づきを得たね」「このタイミングでよかったね」も汎用性の高い（使い勝手の良い）言葉たちです。

さらに、自分自身の大きな失敗談を話してあげることが浮き輪の役目を果たすこともあります。このように考えると、大きな失敗も財産といえるのではないでしょうか。

そして、「浮き輪言葉」は「投げかけてから」が大切です。溺れることから救われて、浮き輪につかまり、ようやく泳ぎ出せるようになった人を導く言葉が必要なのです。**浮き輪言葉と組み合わせて使うことで、「失敗しても大丈夫。良い経験をしたね。ここからの態度と行動が大切だよ」と安心させ、勇気づけながら導いていくのです。**

私自身、新人時代、営業の結果が出なかったときに、上司からこんな言葉をもらいました。「新人の君に契約数は求めていないよ。断られてきた数を評価しているから安心して断られておいで」。その結果、私はその会社の契約数の記録を打ち立てることができました。

また、世の中にまだ認知されていないサービスを提供することに挑戦しはじめた会社でのエピソードです。営業担当者が「相手にまったく興味を持ってもらえず、断られてばかりで心が折れそうです」と音を上げたときがありました。経営者は彼にこう言いました。「わかった。売りに行かなくていい。ただ、断る理由だけを聞いてきてほしい。理由が100個集まったら、その対策を考えよう」。

結果はどうなったか。断られる理由を聞くためには、サービスを説明しないといけない。説明して、断られる。その理由を聞くうちに契約が成立してしまったのです。その後もこの不思議な現象は続き、サービスは世に広がっていきました。

誰かを救い、状況を変えていく言葉、たくさん用意しておきたいですよね。

こんな言葉でも言い換え可能！

失敗は成功の母…失敗してもその原因を追究し改善することで、かえって成功に近づくということ。

6章

背骨となる言葉

人間性が伝わる

言い回し

本書を締めくくる最終章として、

人生の背骨となる言葉を贈ります。

逆境、不遇のときこそ、人は試され、

その人間性が表れます。

どんな状況においても、背筋が伸びて、心を支え、

前に進む力をくれる言葉。

そんな「人生の伴侶」となる言葉と出会ってください。

覆水盆《ふくすいぼん》に返《かえ》らず

妻に送っちゃった…!!
不倫相手への返信
ドンマイ
これも必然だったかも

由来・意味

元々は別れた夫婦は復縁しないという意味。転じて、一度起こったことは、二度と元には戻らないとの意味。夫に愛想を尽かし出ていった妻が、夫の立身出世を知り復縁を迫る。夫は「この水を元に戻せるなら復縁に応じよう」とお盆の水を庭にこぼす。結局、水は元に戻せず、復縁も叶《かな》わなかったという中国の故事から。

例文

覆水盆に返らず。切り替えて、「これがあったからよかった」と思える未来のために、今この瞬間にできることを前向きに考えましょう。

「後悔先に立たず」「後の祭り」の代わりに使うと、重厚感と柔らかさが増す言葉です。

人生は、誰と一緒に生きていくのかで大きく変わります。どうしても許しがたいことをされて、その人と距離を取りたいとき、「覆水盆に返らず。お互いに違う道を歩んでいきましょう」というように使うことができます。これが本来の使い方です。

しかし、私はこの言葉を「絶望の中から希望を見つける言葉」としてご紹介したいのです。中学校の英語の試験で、「『覆水盆に返らず』の英語のことわざは？」という問題があったのをご記憶の方もいらっしゃるのではないでしょうか。

答えは「It is no use crying over spilt milk.」です。

その意味は、こぼれたミルクを嘆いても仕方がない。転じて、「過ぎ去ったことは、くよくよしても仕方がない」という意味のポジティブで、前向きな言葉なのです。

「一度起こってしまったことは取り返しがつかない」と考えるのか、「元には戻らないが、すべてを失ったわけではない」と考えるのかでは、大きな違いが生まれます。

「覆水盆に返らず、されど新しい水を注ぐことはできる」

このような解釈も可能なのではないでしょうか。

私自身の恥ずかしい話をさせていただくと、小学校4年生のとき、生徒会の副会長に立候補したことがありました。

結論からいうと、全校生徒600人による投票で、私の得票数は一票だけでした。

その一票を投じたのは、私でした。

誰も私に投票してくれなかったのです。

また、悪いことに、この一票の結果は、学校中の生徒も知るところとなりました。

数十年、私のトラウマとなり、他者に対して封印してきた記憶です。

ただ、振り返ってみると、この「一票事件」があったから良かったのです。

以来、私の耳元でささやき続ける心の声があります。「目の前の人に対する態度、これでいいのか？　また一人ぼっちになるぞ。また一票だぞ」。このささやきを振り払うように、「これでいいのか、油断はないか、まだまだ打つ手は残っているぞ」と考え、行動してきました。

そして、その行動の一つが、本書の執筆にも繋《つな》がる「自分の思いが相手に伝わる言葉を探すこと」だったのです。

自分の思いを正しく相手に伝えたい、誤解されたくない。一人ぼっちになりたくない。認められたい、感謝されたい、誰かの役に立ちたい。そう考え、今も必死で言葉探しを続けています。

覆水盆に返らず、一票は増えず、されど、自分を活《い》かして生きていくことはできるのですね。

こんな言葉でも言い換え可能！

綸言汗《りんげんあせ》の如《ごと》し…出た汗を戻せないように、一度出た言葉は取り消すことができないという意味。「吐いた唾は呑《の》めぬ」も同様だが俗的。

六日の菖蒲《あやめ》、十日の菊…必要とするときに間に合わず、手遅れで役に立たないこと。

小さな力もやがて成果となることを
教えてくれる言葉

雨《あま》垂《だ》れ石《いし》を穿《うが》つ

毎日一行書いていた
小説がついに
仕上がったぞ

由来・意味

小さなことでも根気よく続けていれば、大きなことを成し遂げられるという意味。「穿つ」とは穴をあけるの意。少しずつ滴り落ちる雨垂れであっても、それが長く同じ場所に落ちつづけると、やがて硬い石にも穴をあけられるたとえ。中国の前漢の歴史を記した『漢書』を由来に持つことわざ。

例文

微差の積み重ねの成果に勇気をいただきました！　まさに雨垂れ石を穿つ、ですね！

「それって『ちりつも』ですよね」と軽く使われがちな「塵《ちり》も積もれば山となる」の代わりに使いたい言葉です。

「ちりつも」は、「小さなことをおろそかにしない」という戒めで使われる場合もありますが、**「雨垂れ石を穿つ」は、マイナスの要素が入らないため、成果を称賛する際には間違いなくこちらを使いたいですね。**

また、「継続は力なり」と、直球でその意味を伝える言葉もありますが、「雨垂れ石を穿つ」の良いところは、雨垂れによって穴が開いている石のイメージが頭に浮かびやすいため、それが言葉の重みと説得力になっているところです。

「小さなことでも積み重ねることで、大きな成果を手にすることができる」と教えているこの言葉には、さらに深い意味も隠されています。

その深い意味に辿《たど》り着くためには、まず、一つの疑問を解決しないといけません。

それは、この「雨垂れ」は、最初から石に穴を開けるつもりで、そこに落ちつづけていたのだろうか？ ということです。

ただただ同じところに雨垂れが落ちつづけた。その結果として、やがて石に穴が開いただけなのではないか。

すなわち、「『雨垂れ石を穿つ』は、ただの偶然の産物ではないか」という疑問です。

この疑問に対して、私は「その通り、偶然の産物である」と答えます。

ただし、雨垂れが落ちつづけなければ、石に穴が開くことはなかったのです。**意図した結果ではないかもしれませんが、「自分に今できることを微力でも全力で継続することで、やがて必ず結果は表れる」と、この言葉は教えてくれているのです。**

そして、その結果が、また誰かの勇気の源になるのです。

長い年月をかけて、雨垂れで石に穴があく。大自然では当然のことで、何も驚くことではないでしょう。

しかし、人間がその光景を目の当たりにするとき、その現象には「雨垂れ石を穿つ」という大きな意味が発生するのです。勇気をもらえるのです。

どのような結果が待っているか、それは今はわからない。
けれど、自分自身の雨垂れの一滴を落としつづけることで、必ず何かしらの成果が表れ、誰かの目に留まることとなる。
そう信じて継続していくことの大切さをこの言葉は教えてくれます。

あなたの雨垂れの一滴とは、どのようなものでしょうか。
誰かに素敵な言葉を届けることも、雨垂れの一滴であると私は考えているのですが、いかがでしょうか。

こんな言葉でも言い換え可能！

倦《う》まず弛《たゆ》まず…怠けず、コツコツと努力を続けるさま。
愚公山を移す…怠らず努力すれば、どんな大きな事業も成し遂げられるたとえ。

禍福《かふく》は
糾《あざな》える縄《なわ》の如《ごと》し

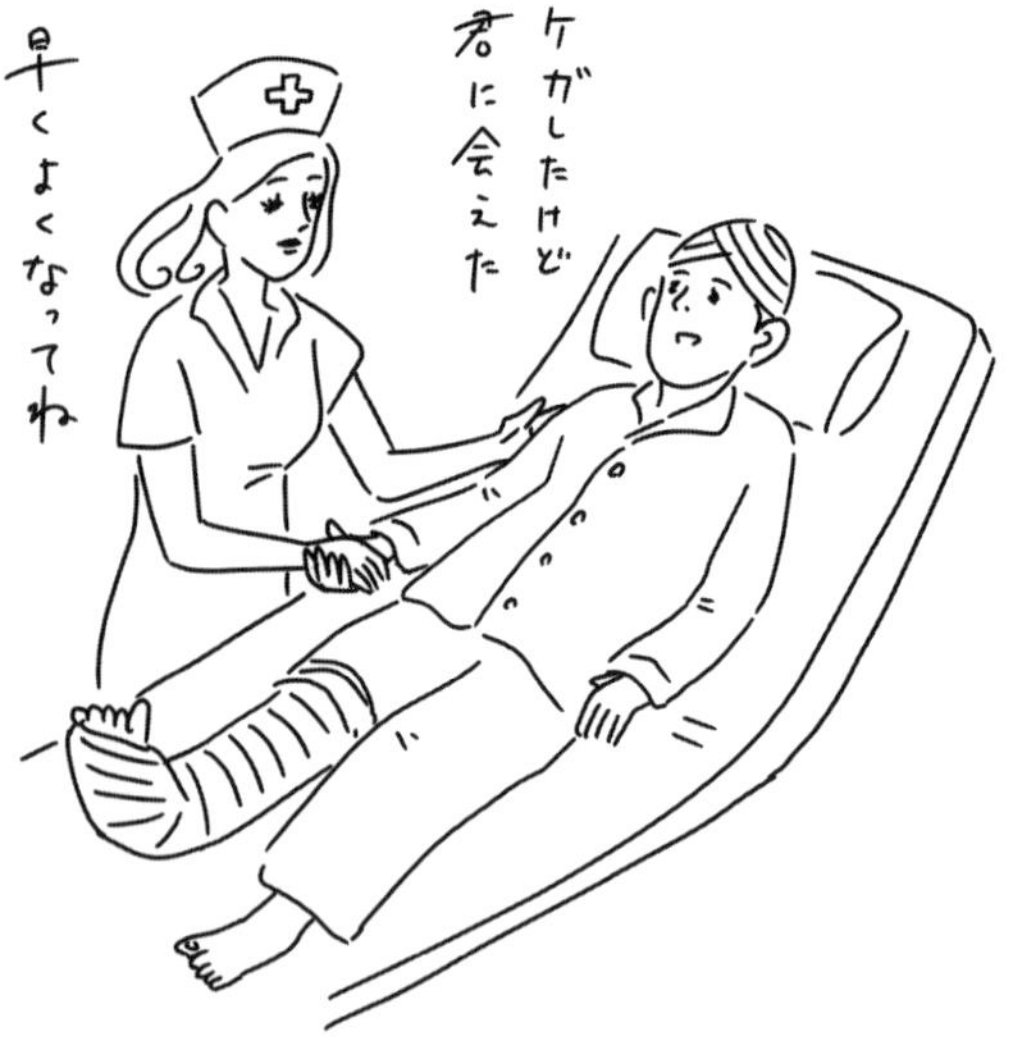

由来・意味

不幸も幸福も、より合わせた縄のように表裏をなしてやってくるものだというたとえ。悪いことも良いことも交互にやってくるの意。「禍福」は悪いことと良いことの意味。糾うは、2本の紐《ひも》をより合わせて縄にすること。『史記』南越伝より。

例文

禍福は糾える縄の如し、そして、良い種を蒔《ま》いていく。心しなやかに、時間を味方にする生き方ですね。

「最近、良いことがないな」とため息が出そうなときに使いたい言葉です。

「糾える縄」としてイメージしていただきたいのは、2本の綱がより合わさってできている、運動会の綱引きで使うようなロープです。あのロープのように、幸と不幸がより合わさっているのが人生だという教えです。一瞬でイメージが湧くのではないでしょうか。

同様の意味で「人間万事塞翁が馬」という言葉がありますが、こちらは少し複雑な意味を持ちます。良いと思った出来事が、不幸を引き起こす種となったり、不幸だと思った出来事が転じて災いを避ける原因となったりすることもあるとの教えです。

二つともほぼ同様の教えを持つ言葉なので、状況に応じて使い分けていただければいいのですが、**シンプルに「悪いことばかり続くものではない」というメッセージを強く伝えたいのであれば、綱引きのロープのイメージを頭に浮かべやすい「禍福は糾える縄の如し」を使うことをおすすめいたします。**

ただしこの言葉には、諸刃《もろは》の刃《やいば》の危うさも隠れているので、そのマイナス面を取り除く対処もしておくことが必要になります。

どういうことかというと、「悪いことばかりが続くものではない」というメッセージは、その裏側で「良いことばかりも続かない」というマイナスのメッセージも同様に伝えてしまうのです。しかもそのメッセージの効果は、言葉を発した人、聞いた人の潜在意識レベルに届き、留《とど》まります。

順調に物事が進んでいるときに、潜在意識レベルで「こんなに良いことばかり続くわけがない。きっと次には悪いことが起きる」と無意識に不幸の種を探して、本当にマイナスを引き寄せてしまう可能性もあるのです。

できれば、人生良いことばかり続いて、悪いことはない方がいいですよね。そんな都合のいい方法があるのでしょうか。

それがあるのです。それこそが**「種を蒔く」という生き方です。**

植物が蒔かれた種の通りに芽吹き、花となり、果実が実るように、「良い種を蒔けば良い結果が実る」と信じて、「良い種」をひたすら蒔きつづけるのです。

そして、目の前に良いことが起きたときに、「これは過去に蒔いてきた良い種の収穫だ」と考えるのです。良いことが続いても、不安を感じている暇がないぐらい、次の良い種を蒔くことに意識を向けます。

悪いことが続いたときには「禍福は糾える縄の如し」を思い浮かべ、良いことが続くときには「種を蒔く生き方のおかげ、その収穫だ」と考え、さらに良い種を蒔く生き方を意識して続ける。

それぞれの言葉が持つ意味とメッセージのいいところどりをしていきましょう。

こんな言葉でも言い換え可能！

沈む瀬あれば浮かぶ瀬あり…人生には浮き沈みがあり、必ず良いときがくると信じることが大切ということ。

先義後利《せんぎこうり》

出世払いでいいよ、
未来のハリウッドスター
ありがとうございます！
小説家志望ですが…

由来・意味

「人としての正しい道を優先し、利益の追求は後にする」、それが真の成功、繁栄への道であるという意味。「義」は、道理にかなった正しいこと。「利」は利益のこと。『孟子』梁恵王《りょうけいおう》・上より。

例文

先義後利を体現するご判断ですね。いつもながら、さすがです。

仕事だけでなく人生の背骨として、心の中心に留めておきたい言葉です。

この言葉を社是や経営理念として掲げ、創業100年を超え、なお繁栄を続けている企業も少なくありません。1717年創業、大塩平八郎も「義商である」と称え、焼き討ちを逃れた「大丸」。1689年創業、京都の老舗《しにせ》「半兵衛麸」など、この言葉の効果を、見事に証明しているといえるのではないでしょうか。


似た意味の言葉に「損して得取れ」があります。

これは、「短期的に損をしても、投資だと考えて長期的な利益を求めていこう」というものです。ビジネス、商売においては確かに良い考え方なのですが、言葉のスケール感が、損得勘定の範囲に収まってしまいます。「先義後利」は「義」という社会的利益までをも大切にしようというスケールの大きさと迫力を感じさせるため、言葉の重みとパワーが、次元が変わるほど違って伝わるのです。


また、この「先義後利」の良いところは、「利」を否定していないところです。

「まず大事にすべきは『義』ではあるけれども、その『義』を貫き通していく先に、必ず『利』が待っている。だから『義』が大切なのだ」と励ましてくれているのです。この励ましがあるからこそ、ついつい目先の利益に目が眩《くら》みそうになるとき、「義」を取ろうという気持ちになれるのです。

さらに、たった４文字ながら、「先義後利」には、「言葉の構成」と「言葉としての機能」の素晴らしさがあります。

それは、大切なものを二つ並べ、その優先順位を明確に伝えているところです。

「義」と「利」は両方とも大切だけれども、絶対に優先しないといけないのは「義」ですよ、と明確にしておくことで、伝えられた方の迷いがなくなるのです。

言葉が持つ「意思を伝える」という機能をこれ以上ないほどシンプルかつパワフルに発揮しています。

ちなみに、東京ディズニーリゾートの行動規準「ＳＣＳＥ」も、まさにこの優先順位を明確にしたものです。「ＳＣＳＥ」とはSafety（安全）、Courtesy（礼儀正しさ）、Show（ショー）、Efficiency（効率）の頭文字を取ったもの。この順に大切にされています。

かつて、東京ディズニーランドで子どもを肩車することが禁止されていたのは、「ショー」＝楽しさよりも「安全性」が優先されるからなのです（現在は一定のエリアでの肩車は許されるようになったようです）。

経営において、また人として大切にすべきものは、常に複数存在します。これも大切、あれも大切、大切なものだらけです。そのいくつかある大切なものに順位をつける、優先するものを決める。これが組織においては「風土」となり、個人においては、「人格」となっていくのではないでしょうか。

「先義後利」、常に懐に入れて温めておきたい言葉ですね。

こんな言葉でも言い換え可能！

先憂後楽《せんゆうこうらく》…古くから政治家の心構えとして用いられる。憂うことは人より先に憂い、楽しむことは人に遅れて楽しむこと。

奇跡のような出会いの中で
ご縁を深める言葉

袖《そで》振《ふ》り合《あ》うも多生《たしよう》の縁《えん》

由来・意味

見知らぬ人とすれ違う程度のことも、前世からの因縁《いんねん》によるものだという意味。「多生」とは、仏教用語で何度も生まれ変わること。「他生」とも書く。「他生」とは今生きている「現世」に対しての「前世」と「来世」のこと。日本のことわざ。

例文

袖振り合うも多生の縁といいますが、初対面という気がしません。ご縁があるのですね。現世のみならず、来世までのお付き合いをお願いいたします。

出会いから一歩踏み出すときに勇気をもらえる言葉です。「この人ともっと仲良くなりたい」と思うときに使ってみましょう。

「袖振り合う」は、道ですれ違う様子のことです。町で言葉を交わすことなく、すれ違う人とも前世でご縁があったのですよ。前世のご縁があったから、今そばを通りすがるのですよ。こうした教えが込められています。これは仏教の思想なのですが、何だかあったかいものを感じませんか。

自分は、ご縁のある人に囲まれているのだ。もしかすると、今電車で前の席に座っている人は、前世では同じ寺子屋で机を並べていた友人だったかもしれない。あるいは、前世で自分が飼っていた猫だったのかも……。

そんな想像をしてみると、何だか楽しくなってきませんか。

そして、道ゆく人だけではなく、**「この人とさらに仲良くなりたい」と思う人に対しては、さらに深いご縁を妄想してみてはいかがでしょうか。**

私が出会ったこの人は、私が「仲良くなりたい」と思うほどに惹《ひ》かれる魅力がある。なぜなら、前世では親子や夫婦、はたまた親友同士だったかもしれないからだ。だから、一緒にいるとワクワクしたり、安心したりして胸がときめくのだ。こんな風に勝手に妄想するのです。

出会いは「盲亀の浮木」のように、じつは、あり得ないほどの確率、奇跡なのです。そして、「出会ってしまえば、もうこっちのものだ」と考えて「ご縁」を深めていきましょう。

ご縁を深める行動のために、もう一つ言葉をご紹介します。

それは、「一期一会」です。

元は茶道の心得を表した言葉で、「目の前の人との時間を一生に一度きりのものと考えておもてなしをしなさい」との教えです。

目の前の人と仲良くなるチャンスは、今しかない。次のチャンスは巡ってこない。

そう覚悟を決めて踏み出していくのです。

大丈夫です。

仏様の言葉を信じるならば、ご縁のない人と出会うことはないのですから。

その縁を活かしていきましょう。

「多生の縁」は、人との出会いを通して、自分の可能性の扉を開く鍵。しかも、どんな扉も開けてしまうマスターキーです。その鍵は自分の手元にあるのです。

使わないと損だと思いませんか。


こんな言葉でも言い換え可能!

縁は異なもの味なもの…人との縁はどこで結びつくのかわからず、不思議でおもしろいものだということ。

難《かた》きを先《さき》にし獲《う》るを後《のち》にす

由来・意味

難しい仕事を進んで先に行い、自分の利益は後回しにすること。『論語』より孔子の言葉。

例文

難きを先にし獲るを後にす。人が嫌がること、難しいことをどんどんやっていき、収穫を後にすればするほど、その収穫に複利で利息がつきますね。

「先義後利」の実践編ともいうべき言葉で、行動指針を示してくれています。迷ったら難しい方を選ぶ。人が嫌がるような役目を率先して引き受ける。自分の取り分は最後にする。何だかとっても損な生き方のようですが、だからこそ尊く、実践できると人格者として慕われるのです。

ただ実際に、自分がその生き方ができるかというと別問題ではないでしょうか。楽な方を選びたいですすし、自分の利益は早く確保しておきたい。これが人情なのではないでしょうか。

急に人格者になれなくても、この「難きを先にし獲るを後にす」の行動、振る舞いができるようになる考え方があります。

それは、「戦略的遠回り」という考え方です。

わざと難しい道を行く、わざと遠回りをする、わざと自分の利益を取ることを遅らせることで、より多くの収穫を得るというものです。

「急がば回れ」ではないですが、投資をしてリターンを得るのに時間をかけると利息が複利でついてきます。そして善行に対する複利は、非常に大きいのです。「人類の最大の発明は複利である」。天才物理学者、アインシュタインの言葉です。

仮に「難きを先にし」10万円分の徳を積んだとしましょう。

それに徳の複利が年間10％ついて、5年経《た》つと約16万円に、10年で約26万円に増えるのです。さらに20年だと、元の10万円が約67万円にもなります。

このように考えてみると「難きを先にし」というのもまんざら悪い考え方ではないように思えてこないでしょうか。

本来はこのような損得勘定で行うべきではないかもしれませんが、「動機は不純なほど良い」ともいいます。なぜならば、動機は不純な方が強くて長続きするからです。

また、私の行動指針に「行動する偽善者たれ」というものがあります。

何か良いことをして、それに対して「良い人だと思われたい？　偽善者だね」と言われるようなことがあれば、私は大変喜んで、こう返したいのです。

「はい、その通りです。良い人だと思われたいのです」

「偽善者とは、人偏の横に為、そして善い者と書きます。すなわち、人の為に善きことをする人のことです。行動しない理想家よりも、行動する偽善者たれと考えています」

最後に、幾多の困難を越えてケンタッキー・フライド・チキンを創業し、世界に広げた、カーネル・サンダースの言葉をご紹介させていただきます。

「安易な道ほどやがて険しく、険しい道ほどやがて楽になる」

これもまた、勇気が湧く言葉です。

こんな言葉でも言い換え可能！

若い時の苦労は買ってでもせよ…若いときの苦労は貴重な経験になるから、自ら進んで困難に挑戦する方がいいということ。

損せぬ人に儲《もう》けなし…損をする覚悟がなければ大儲けはできないということ。

言行一致《げんこういっち》

だからってここで寝るか…
疲れた〜
休んでいいって言われたんで
zzz…

由来・意味

日本の四文字熟語。「言行」とは文字通り、言葉と行動のこと。その二つが矛盾することなく一致することが重要という意味。言葉と行動が違う場合は、言行不一致。

例文

言行一致ほど難しいものはないという自覚こそが、人格形成の第一歩ですね。

自分の「言葉の力」を高めるために、知っておきたい言葉です。

この「言行一致」という言葉を知識として知っている人は多いでしょう。

ところが、実践できているかというと、どうでしょうか。

「私は言ったことと、やっていることに矛盾がない」と言い切れる人が、どれぐらいいるでしょう。かくいう私も、振り返ってみると言行の不一致ばかりが思い当たり、情けない限りです。

子どもに「どれを選んでもいいよ」「自分で判断して選ぶといいよ」と言いながら、「これにしたら?」と口を挟んできました。

また、部下には「仕事早めに切り上げてね」と言いながら、「明日までにこれお願いね」と無理を言ったりもしていました。ついついというか、日常的にやってしまっているのです。

かつてのサラリーマン川柳に「無理させて　無理をするなと　無理を言い」という句がありましたが、私ばかりではなく、多くの家庭や会社で同じことが起きているのではないでしょうか。

もちろん、相手のためを思っての言葉や行動だったり、仕方のない状況での言行の不一致であったりすることがほとんどだと思います。ただ、その言行の不一致を目の前に突きつけられた相手はどのように感じるでしょうか。

おそらく、「この人の言葉を心から信用して受け止めることはやめておこう」と考えるのではないでしょうか。

そのようなことを、自分自身が普段からしてしまっていることがある、そう自覚していくこと。ここがまずはスタートラインです。

どうしても「言行一致」が難しいときはあるでしょう。

ただ、言行一致できていないと自覚できた瞬間、そこに成長があります。

自己矛盾を感じた瞬間に、言葉を足したり、相手に対してフォローしたりできるようになるのです。

私の過去の例でいうならば、子どもに対して「君がそれを選ぶのなら、全力で応援するよ。ただ、こういう選択肢もあるけど、どうかな?」と声をかける。

あるいは部下に対して「早く帰れと言いながら、申し訳ないのだけれど、明日どうしてもこの資料が必要なので、よかったらお願いできるかな」という風に。

これでもまだ、完全なる言行一致とはいえないかもしれませんが、相手の受け止め方はずいぶんと変わるでしょう。

言行一致の確認を習慣化していくと、言葉に重みが出てきます。また、言葉と一致した行動は、その人の魅力として評価されていきます。

その実現のためには、まずは言行不一致の確認、そして修正から始めましょう。

言行の不一致、思い当たることはありますか。

難しく考えず、ゲームのように楽しんでいきましょう。

こんな言葉でも言い換え可能！

有言実行…言ったことに責任を持って必ず実行すること。

未来を見据え、背中を押してくれる言葉

三年先《さんねんさき》の稽古《けいこ》

由来・意味

今の努力は、明日の勝負に勝つためでなく、3年後に圧倒的に強くなっている自分をつくるためのものである。目先の結果にとらわれず、未来を見据えて信じ、全力で努力を続けなさいとの教え。相撲界の言葉。

例文

プライドを未来に持ち、三年先の稽古を続ける。最高に素敵な生き方ですね。

未来を切り拓《ひら》く意思を持つ人にプレゼントしたい言葉です。

希望の未来を作り出すために、どうすればいいのでしょうか。1年後、3年後、自分の未来がどうなっているかは、誰にもわかりません。

ただし、1秒先の自分の行動は、自分で決めることができます。言葉を吟味して使うのか、何も考えずに使うのか。言葉を発した後、言行一致を確認するのか、気にしないのか。1秒先の自分の意思ある決断と行動の連続の先に、意思ある未来が待っているのです。

そして、望むべき未来へ向かって進む人の背中を押してくれる言葉が、この「三年先の稽古」なのです。

今行っている必死の努力は、今日結果が出るものではない。1週間先でも、1か月先でも、半年先、1年先でもない。3年後に自分が圧倒的な力をつけている。この組織が素晴らしい結果を出している。そのための努力なのだと思い、努力をやめない。

これが「三年先の稽古」の教えです。

すぐに結果が出ないことに心を痛めずに、ひたすら今するべきことに集中して取り組むこと。日々の努力の結果は、小さく報われずとも、微差の積み重ねこそ大切と考えることです。

想像していただけますか。企業や事務所などで使われている業務用のコピー機の用紙は1パック500枚です。2パック分、1000枚をある部屋に積み上げておいて、毎日、一枚ずつ隣の部屋に移動したとしましょう。

最初の1週間では、元の紙の山には、変化は見られないでしょう。ところが、3年経つと、元の紙の山は、きれいになくなり、隣の部屋に一山できているのです。コピー用紙一枚の薄さでも、3年経つと山ができる。このようにすべては微差の積み重ねなのです。

さらに希望の未来を実現するために、参考にしていただきたい考え方があります。

それは、「プライドは未来に持つ」ということです。

望むべき未来のために、常に成長をやめないと考えるならば、現時点の自分よりも3年先の自分は、今よりもずっと成長しているはずですよね。未来の成長した自分から現在の自分を見てみると、未熟で格好悪い、恥ずかしいぐらいの存在かもしれません。常に、今が一番格好悪いのです。本当の格好良さとは、無様の先にあると考えて、恥ずかしいと思わずに、どんどんチャレンジしていくことが大切です。

それを、「そんなことをしてうまくいかなかったら恥ずかしい。プライドが傷つく」と考えて挑戦しない状態こそ、格好悪いことではないでしょうか。

未来へ向かって、挑戦しつづけ成長する姿にこそ誇りを感じる。これが「プライドは未来に持つ」ということです。

自分の3年後が楽しみ、そう思える生き方をしていきませんか。

こんな言葉でも言い換え可能！

千日の稽古を鍛とし、万日の稽古を錬とす…一つの技を自分のものにするには、毎日の稽古、鍛錬に励むしか道はないとの教え。

量稽古…やることに意味があるのかどうかを考えず、徹底的に量をこなすことが大切という意。

勇気を与え、思考、人格をつくる言葉

本書の最後に、ここまでお読みいただいた読者のみなさんへ、一つの言葉を紹介したいと思います。

それはこんな言葉です。

「義を見てせざるは勇なきなり」

「義」とは、正義や人としての正しい行動のことを指します。

言葉の意味は、人として為《な》すべきこと、正しい道を知りながら、それを実行しないのは勇気がないからである。勇気を持ち、人としての正しい道を進んでいこうという

ものです。

為すべきことがわかっていながら、なかなか行動に移すことができないでいる人の背中を、ポンと押してあげる言葉です。

また、自分自身の心に勇気を吹き込む言葉にもなります。

この言葉を噛《か》みしめるように口にすると、背筋が伸び、肺が広がり、丹田に力が入り、覚悟が定まっていきます。

一つの言葉が人に勇気を与え、行動を引き出していくことがあるのです。

逆に言葉によって、勇気が雨の中の綿菓子のように消えてしまうこともあります。

目の前の出来事に対して、「義を見てせざるは勇なきなり」と、背筋を伸ばし、自分にできることを考え、人としての正しい行いを選択して実践する生き方もあれば、その一方で、「触らぬ神に祟《たた》りなし」と、ひょいと肩をすくめ、背中を丸め、見て見ぬふりをしてやり過ごすことを選択する生き方もあります。

言葉が思考をつくり、姿勢をつくり、さらには人格をつくります。
言葉を選択するということは、生き方を選択するということなのです。

私にとっての義とは、「言葉が人に大きな影響を与える」ことを知ってしまったことです。より詳しくいえば、そのことを一人でも多くの方に伝えたいということです。それをしないということは、勇なきことだと考えています。

そして、本当の勇気とは怖さを知らないことではありません。怖さを抱えながら、一歩足を踏み出していくこと。これが勇気ある生き方です。

一つの言葉との出会いが１８０度人生を変える

「義を見る」ほどの大層な場面でなくとも、日常の中、頭の中に一つの言葉を思い浮かべるだけで、周りから見られる自分の性格まで変わってくることがあります。

私自身、長年言葉や「ほめる」ことで、人生を変えるお手伝いをしてきていますが、

今の私を支えているのは、一つの言葉との出会いでした。

言葉に出会い、自分の行動様式が大きく変わるという経験が忘れがたい原体験として深く心に刻まれているのです。

私は、元々は人見知りする性格で、初対面の人に声をかけたり、こちらから積極的に挨拶したり、交流したりすることがすごく苦手でした。知り合いに招待されてパーティーに行っても、隅っこの方でじっと一人でいるタイプ。招待してくれた人にご挨拶だけして、そっと会場を後にする、そんな感じでした。

そんな私を変えてくれたのが、この言葉です。

「向き合えば地獄、踏み出せば極楽」

正確な出典は定かではないのですが、武士の世界の言葉だそうです。

侍が真剣を使って勝負をするとき、お互いに向かい合って、動かず対峙《たいじ》している時間が一番長く感じ、辛《つら》く、苦しい。

そこから、一歩踏み出した瞬間、無我になり、普段の鍛錬通り、勝手に体が動き出し、頭の中は極楽になるのだそうです。

初対面の人に対しても、「こちらから挨拶に行こうか、やめておこうか」と考えている時間が一番辛い。それならば思い切ってこちらから声をかけて挨拶してしまう方がずっと楽なのです。

「たまたま、お隣ということで、ご挨拶させていただいていいですか？」と名刺を取り出して、声をかけてしまうのです。

すると、相手から「もちろんです！　ありがとうございます！」と気持ちの良い挨拶が、毎回、返ってきます。

私に会われた方は、私のことを「社交的な人」と評してくださいます。

ところが私がやっていることは、地獄の時間を避け、極楽に向かうため、一歩を踏み出しつづけているだけなのです。

人見知りの性格は、そのままに、一つの言葉が私の行動を変えました。

すると、「周りから見られる私の性格」が変わっていったのです。

周りから見られる自分の性格というのは、自分が周りに対してどのように表現するかによって変わっていくのですね。


どんな言葉と出会うかで、人生が決まります。

出会う言葉が、思考をつくり、人格を形成していきます。

意識して使っていく言葉が、自分を取り囲む人を決定し、環境を変えていきます。

あなたは、どのような言葉に囲まれて生きていきたいですか。

それは自分で決めることができるのです。

そう、この瞬間から。


言葉だけが、環境を変える。

言葉だけが、人生を変えていくのです。

これが、言葉を変えることで、自分と大切な人たちを取り戻し、「幾度生まれ変わっても、これ以上の人生はないだろう」と言い切れるようになった、私からのメッセージです。

最後に、本書の編集をご担当いただいた尾澤佑紀さんに心からの感謝を申し上げます。尾澤さんに伴走していただけなかったら、本書は世に出ず、出たとしても薄っぺらい内容になっていたと思います。私の中から、自分でも驚くほどのコンテンツを引き出していただきました。心から感謝いたします。

西村貴好

参考文献

『中国故事』飯塚朗・著（ＫＡＤＯＫＡＷＡ）
『故事成句でたどる楽しい中国史』井波律子・著（岩波書店）
『すっきりわかる！　超訳「故事成語」事典』造事務所・編著（ＰＨＰ研究所）
『新明解　四字熟語辞典』三省堂編修所・編（三省堂）
『ボキャブラリーが増える故事成語辞典』主婦の友社・編（主婦の友社）
『日本語　語感の辞典』中村明・著（岩波書店）
『人生の指針が見つかる「座右の銘」１３００』別冊宝島編集部・編（宝島社）
『人を動かす名言名句集　21世紀に生きる』塩田丸男、鈴木健二・監修（世界文化社）
『名言　人生を豊かにするために』「座右の銘」研究会・編（里文出版）
『座右の銘　意義ある人生のために』「座右の銘」研究会・編（里文出版）
『明日が変わる座右の言葉全書』話題の達人倶楽部・編（青春出版社）
『人生にこの言葉を持て　あなたの心に咲かせる言葉の花園』本多光太郎・編（中経出版）
『有訓無訓　寸言人を動かす』日経ビジネス・編（日本経済新聞社）
『漢詩名句故事名言を楽しむ』真藤建志郎・著（日本実業出版社）

西村貴好（にしむら・たかよし）

一般社団法人日本ほめる達人協会理事長。

1968年生まれ。関西大学法学部卒業。大手不動産会社に入社し、最年少トップセールスを記録。その後、家業の不動産管理会社に専務取締役として就任。ホテル運営において、人材定着不足に悩む。その中で言葉の持つ力と効果に気づき、朝礼とスタッフへの言葉がけを強化。たった1年で年間数百万円かかっていた人材募集費を0円にする。

2005年にサービスの向上を目指す覆面調査会社を創業。証拠付きで、改善点を伝えるが、現場の改善は進まず、「正論ほどモチベーションを下げること」を経験。一人のダメバイトのレッテルを貼られていたスタッフの成長をきっかけに全く逆の手法、ほめる仕組みで人と組織を活性化していく。橋下徹元知事が大阪府の調査を2年連続で依頼。その様子をNHKが「クローズアップ現代」で全国放送。採用企業の業績は平均120%に。3か月で売上を前年比161%に伸ばす店舗も。

2010年、「泣く子もほめる！」ほめる達人（ほめ達）として、あらゆるものに価値を見出すことを理念に「ほめ達検定」をスタートさせる。検定3級受講者は全国で6万3千人を突破（21年11月現在）。受講者数は年々拡大している。企業向け研修、講演会やセミナーなども年間200回以上。ほめ達研修採用企業の航空会社スカイマークは、2017年より４年連続定時運行率が日本一に。「ほめ達！」を導入し、「ほめちぎる教習所」に生まれ変わった三重県・南部自動車学校は、生徒数増加、免許合格率アップ、卒業生の事故率が半減と素晴らしい成果を上げている。

講演会や研修、セミナーを通して「誰もが尊敬しあえる世界にする」をミッションに、言葉の力で「心の内戦」（自殺者や鬱で苦しむ人が多い状態）を終焉させるべく、日々活動を続けている。

著書に、『結果を引き出す大人のほめ言葉』（同文舘出版）、『ほめる生き方』（マガジンハウス）などがある。

一目置かれる人が使っている
背筋がスッと伸びる日本語

2021年12月５日　　初版印刷
2021年12月15日　　初版発行

著　者　　西村貴好
発行人　　植木宣隆
発行所　　株式会社　サンマーク出版
　　　　　東京都新宿区高田馬場２－16－11
　　　　　（電）03-5272-3166
印　刷　　株式会社暁印刷
製　本　　株式会社村上製本所

ISBN978-4-7631-3940-5　C0030
ホームページ　https://www.sunmark.co.jp